Quick Guide

Quick Guides liefern schnell erschließbares, kompaktes und umsetzungsorientiertes Wissen. Leser erhalten mit den Quick Guides verlässliche Fachinformationen, um mitreden, fundiert entscheiden und direkt handeln zu können.

Weitere Bände in der Reihe
http://www.springer.com/series/15709

Simone Burel

Quick Guide Female Leadership

Frauen in Führungspositionen
in der Arbeitswelt 4.0

Unter Mitarbeit von Franziska Saur
und Wintai Tsehaye

Simone Burel
Linguistische Unternehmensberatung
LUB GmbH
Mannheim, Baden-Württemberg
Deutschland

ISSN 2662-9240　　　　　　ISSN 2662-9259　(electronic)
Quick Guide
ISBN 978-3-662-61302-3　　ISBN 978-3-662-61303-0　(eBook)
https://doi.org/10.1007/978-3-662-61303-0

Die Deutsche Nationalbibliothek verzeichnet diese Publikation in der Deutschen Nationalbibliografie; detaillierte bibliografische Daten sind im Internet über http://dnb.d-nb.de abrufbar.

© Der/die Herausgeber bzw. der/die Autor(en), exklusiv lizenziert durch Springer-Verlag GmbH, DE, ein Teil von Springer Nature 2020
Das Werk einschließlich aller seiner Teile ist urheberrechtlich geschützt. Jede Verwertung, die nicht ausdrücklich vom Urheberrechtsgesetz zugelassen ist, bedarf der vorherigen Zustimmung des Verlags. Das gilt insbesondere für Vervielfältigungen, Bearbeitungen, Übersetzungen, Mikroverfilmungen und die Einspeicherung und Verarbeitung in elektronischen Systemen.
Die Wiedergabe von allgemein beschreibenden Bezeichnungen, Marken, Unternehmensnamen etc. in diesem Werk bedeutet nicht, dass diese frei durch jedermann benutzt werden dürfen. Die Berechtigung zur Benutzung unterliegt, auch ohne gesonderten Hinweis hierzu, den Regeln des Markenrechts. Die Rechte des jeweiligen Zeicheninhabers sind zu beachten.
Der Verlag, die Autoren und die Herausgeber gehen davon aus, dass die Angaben und Informationen in diesem Werk zum Zeitpunkt der Veröffentlichung vollständig und korrekt sind. Weder der Verlag, noch die Autoren oder die Herausgeber übernehmen, ausdrücklich oder implizit, Gewähr für den Inhalt des Werkes, etwaige Fehler oder Äußerungen. Der Verlag bleibt im Hinblick auf geografische Zuordnungen und Gebietsbezeichnungen in veröffentlichten Karten und Institutionsadressen neutral.

Planung/Lektorat: Christine Sheppard
Springer Gabler ist ein Imprint der eingetragenen Gesellschaft Springer-Verlag GmbH, DE und ist ein Teil von Springer Nature.
Die Anschrift der Gesellschaft ist: Heidelberger Platz 3, 14197 Berlin, Germany

Vorwort

„Das Thema ist ärgerlich, besonders für die Frauen; außerdem ist es nicht neu. Im Streit um den Feminismus ist schon viel Tinte geflossen, zur Zeit ist er fast beendet: Reden wir nicht mehr davon. Man redet aber doch davon." (Simone de Beauvoir)[1]

Nur 9 % der Vorstandsmitglieder deutscher börsennotierter Unternehmen sind weiblich.[2] Der Anteil weiblicher Führungskräfte im weltweiten Durchschnitt liegt bei 22 % (Hanny und Berger 2019). Zwar wandeln sich Märkte und Arbeitsweisen, aber zu viele Organisationen setzen seit Jahrzehnten annähernd unverändert auf die gleiche Führungsriege aus Männern gleichen Alters, mit gleicher Herkunft und gleicher Ausbildung (Allbright 2019). Dadurch wirtschaften, verwalten und regieren sie an den Bedürfnissen der zukünftigen Gesellschaft vorbei. Mehr Frauen in Führung und diverse Teams in Wirtschaft, aber auch

---

[1] Beauvoir (1951).
[2] Unter den 500 großen Unternehmen weltweit sind laut dem letzten Weber Shandwicks Gender Forward Pioneer Index (2016) nur 11 % der Führungskräfte Frauen. Ein bedeutender Anteil der Unternehmen, 37 %, verfügt über rein männliche Führungsteams, während weitere 21 % nur eine Frau im Team haben.

in Wissenschaft und Politik, sorgen nachweislich für mehr Erfolg und Innovationskraft. Sie sind damit betriebs- als auch volkswirtschaftlich – nicht nur ethisch – unabdingbar für eine zukunftsfähige Gesellschaft.

Es ist an der Zeit, dass Frauen führen, und nicht nur ausführen, denn sie können es genauso gut (oder schlecht) wie alle anderen. Struktureller Machtausschluss, fremde wie eigene Geschlechterrollenerwartungen und eine durch Sprache zementierte Ungleichheit haben dazu geführt, dass Frauen nicht an die Spitze kommen und Mädchen sich Führung per se nicht zutrauen. In einer modernen Arbeitsgesellschaft können jedoch nicht weiterhin Leadership-Talente qua Geschlecht[3] aus irrationalen Gründen ausgeschlossen werden – egal ob mental oder physisch. Es braucht die systematische Verankerung und Förderung von Frauen in und außerhalb von Organisationen auf allen Ebenen, kurz gesagt: ein ganzheitliches Female Leadership Management.

Arbeit 4.0 ist nicht nur eine digitale, sondern vor allem eine soziokulturelle Suchbewegung. Sich ändernde Arbeitsformen in der Geschichte der Menschheit haben auch immer Machtveränderungen angeregt. Neue Technologien bieten die Möglichkeit, Geschlechterverhältnisse, Rollenzuschreibungen und Arbeitsethos in Organisationen neu zu verhandeln. Es geht dabei besonders um Chancengerechtigkeit und Selbstermächtigung. Frauen müssen sich in der Arbeitswelt 4.0 – genauso wie Männer – individuell und freiwillig dazu entscheiden können, Führungspositionen anzustreben und umgekehrt vom gesellschaftlichen und organisationalen System in diesen professionellen Rollen akzeptiert werden. Nur wenn Frauen und andere bislang marginalisierte Gruppen Teil der kritischen Führungsmasse werden, kann Arbeit 4.0 wirklich als Transformation von Individuen, Gesellschaft und Organisationen gesehen werden.

Dieses Buch gibt einen deskriptiven, aber gleichsam engagierten Überblick zum Thema Female Leadership durch Auswertung relevanter

---

[3]Der Begriff „Geschlecht" wird in der deutschen Sprache uneindeutig benutzt, weshalb aus dem Englischen die Differenzierung zwischen biologischem Geschlecht und sozialem Geschlecht (Gender) übernommen wurde. Das biologische Geschlecht wird meist durch Geschlechtsorgane, Hormone und Chromosomen definiert. Gender dagegen meint das kulturell-sozial konstruierte Geschlecht, z. B. „weibliches" Verhalten.

wissenschaftlicher Forschung diskurstragender Akteur*innen[4]. Mittels Praxiseinblicken und empirischen Daten zeigt es derzeitige Schwachstellen auf und zeichnet einen gangbaren Weg zur Institutionalisierung von Gendergerechtigkeit. In Form des aktiven Female Leadership Managements bietet es Instrumentarien und Wirksamkeitsnachweise für mehr Frauen in Führung an konkreten Touchpoints des Employee Lifecycle an, etwa in Stellenanzeigen, gendersensibler Unternehmenskultur oder Personalentwicklung.

Das Geschriebene richtet sich als Handlungsempfehlung an alle, die eine Führungsposition bereits innehaben oder sich auf dem Weg dorthin befinden. Dies betrifft in erster Linie Führungsfrauen und -männer, (weibliche) Nachwuchsführungskräfte, das (Top-) Management sowie die Aufsichtsgremien. Im Blickpunkt stehen aber auch Personen, die sich für Female Leadership und die Herstellung faktischer Chancengerechtigkeit einsetzen, d. h. Personalabteilungen, Betriebs-/Personalräte, Gleichstellungsbeauftragte, Verbände oder Politiker*innen. Das Buch richtet sich letztlich an alle, die systemisch, personalpolitisch und gesellschaftlich soziale Innovationen anstreben.

Literatur

AllBright Stiftung gGmbH (2019): Entwicklungsland. Deutsche Konzerne entdecken erst jetzt Frauen für die Führung. Bericht der AllBright Stiftung, September 2019.

Beauvoir, Simone de (2009 [1951]): Das andere Geschlecht. Reinbek bei Hamburg: Rowohlt.

---

[4]Mit der Benutzung des Gender Stars (*) oder der Neutralisierung werden alle Geschlechter und Geschlechtsidentitäten mit einbezogen. Wir sind uns durchaus bewusst, dass Frauen/Männer sowie weiblich/männlich binäre – und je nach Sichtweise auch konstruierte – Kategorien darstellen, welche die Vielfalt der Geschlechter-, Gender- und sexuellen Identitätsrollen verknappen. Des Weiteren wollen wir per se keine Eigenschaften als „männlich"/„weiblich" etikettieren – bislang ist das Geschlecht jedoch ein Prädiktor für bestimmte Verhaltensweisen bzw. bestimmte Verhaltensweisen wurden v. a. bei Frauen oder bei Männern beobachtet. Zur Pointierung der Argumentation werden wir deshalb teilweise diese Perspektive wählen, wohl wissend, dass wir Diversität im Ganzen und Gruppen wie LGBT, People of Colour, Menschen mit Behinderung, Migrationshintergrund oder weiterer Intersektionalität damit nicht gerecht werden können.

Hanny David und Valentin Berger (2019): (K)Eine weibliche Welt. In: Forbes, 16.10.19. https://www.forbesdach.com/artikel/k-eine-weibliche-welt.html (letzter Zugriff: 02.01.19)

Weber Shandwick (2016): Gender Forward Pioneer Index: World's Most Reputable Companies Have More Women in Senior Management. Weber Shandwick 2019. https://www.webershandwick.com/news/gender-forward-pioneer-index-most-reputable-companies-have-more-senior-wome/ (letzter Zugriff: 14.11.19)

Danksagung

Wir bedanken uns für die akribische und kritische Lektüre bei Noah Fleischer, Dr. Clara Herdeanu, Angelika Collisi, Prof. Dr. Julia Hansch sowie Petra Kretz und Ralph Burel, die unseren Blick geschärft und den Text erheblich aufgewertet haben.

Inhaltsverzeichnis

1	**Intro: Die Geburt der Vorständin**	1
	Literatur	7
2	**(Fe)Male Leadership? Female Leadership!**	11
	Literatur	24
3	**Weibliche Führung: Agilität 2.0**	29
	Literatur	38
4	**Female Leadership in verschiedenen Domänen**	41
	4.1 Female Corporate	42
	4.2 Female Entrepreneurship	47
	4.3 Female Science	52
	4.4 Female Politics	56
	Literatur	61
5	**Stereotype, Fakten und Mythen über Führung**	67
	Literatur	77

6	**Sprache der Führung – Wörter ändern Mindsets**	81
	6.1 Gender(un)gerechte Sprache und ihre Folgen	87
	6.2 Fallbeispiel: Genderneutrale Stellenanzeigen	91
	Literatur	98
7	**Digital Female Leaders**	103
	Literatur	112
8	**Female Empowerment in der Arbeitswelt 4.0**	115
	Literatur	126
9	**Ganzheitliches Female Leadership Management**	129
	9.1 Instrumentarium für ein ganzheitliches Female Leadership Management	130
	9.2 Weiterführende Diskurse und neuralgische Schnittstellen	136
	Literatur	151
10	**Schlusswort: Gender Balance wanted!**	155
	Literatur	159

1
Intro: Die Geburt der Vorständin

Was Sie aus diesem Kapitel mitnehmen
- Deutschland gilt als Entwicklungsland in Geschlechterfragen.
- Es gibt jedoch den Trend des Gender Shifts.
- Dennoch ist noch viel zu tun: Gleichstellung im Jahr 2276?
- Eine Nachjustierung von Mindset, Sprache & Verhalten ist nötig.
- Führung wird als greifbarer Skill verstanden.

„Mit der neuen SAP-Chefin Jennifer Morgan steht erstmals eine Frau an der Spitze eines DAX-Konzerns. In Deutschland (…) ist Morgans Berufung eine Sensation, die gefeiert wird wie die Geburt eines Eisbärbabys im Zoo."[1]

Das Thema Female Leadership wird im angelsächsischen Raum und in anderen europäischen Ländern schon seit geraumer Zeit diskutiert und erreicht nun endlich auch den deutschsprachigen Raum – wo es

---

[1] (Bund et al. 2019).

© Der/die Herausgeber bzw. der/die Autor(en), exklusiv lizenziert durch Springer-Verlag GmbH, DE, ein Teil von Springer Nature 2020
S. Burel, *Quick Guide Female Leadership*, Quick Guide,
https://doi.org/10.1007/978-3-662-61303-0_1

allerdings nur vereinzelt in den Medien oder progressiven Zirkeln ernst genommen wird.[2] Die Politik hat mit dem Gesetz zur Frauenquote in Führungspositionen in der Privatwirtschaft und im öffentlichen Dienst einen ersten Schritt in Richtung Chancengleichheit unternommen, doch die Realität sieht im Moment noch anders aus: Kein Großunternehmen in Deutschland besitzt bislang einen Frauenanteil von 30 % im Vorstand. Wird zusätzlich bedacht, dass selbst diese unerreichten 30 % Frauenanteil nicht repräsentativ für eine Gesellschaft sind, in der mehr als 50 % weiblich sind, wird der Missstand umso eklatanter.

Psychologie und Verhaltenswissenschaften zeigen deutlich, dass eine kritische Masse von Frauen nötig ist, um Diversity-Effekte zu erreichen. Drei oder mehr Frauen scheinen eine Zehnergruppe von Grund auf zu verändern und verbessern die Lenkungsform derselben, weshalb im Allgemeinen Quoten von mindestens 30 % bis 40 % gefordert werden (Kramer et al. 2006). Durch diese Anzahl ist zweierlei geleistet: Keine Frau ist mehr verpflichtet, einen vermeintlich einheitlichen „weiblichen Blickwinkel" zu vertreten, und es wird klar, dass Frauen – wie auch Männer – untereinander divers in Werten und Meinungen sind. Die Quotenregelung soll idealiter lediglich dazu dienen, strukturelle und geschlechterdiskriminierende Mechanismen zu überwinden, um sich danach selbst überflüssig zu machen.

Frauen sind in Führungspositionen immer noch vielerorts unsichtbar und unterrepräsentiert, was das männlich dominierte Management in Gesamteuropa widerspiegelt. 2017 nahm das Manager Magazin Melanie Kreis, CFO der Deutschen Post, in eine Liste von „75 Spitzenfrauen der deutschen Wirtschaft" auf. Bis 2019 war sie laut dem Forbes-Magazin (2019) Deutschlands zweitmächtigste Frau – nach Angela Merkel. Im öffentlichen Diskurs war bzw. ist sie hingegen weitgehend unbekannt. Obwohl die weibliche Erwerbsquote[3] inzwischen

---

[2]Vgl. zum Thema auch die Veröffentlichungen von Jürgen Weibler (2016), Barbara Lutz (2018) sowie von Julia Kaup (2015).
[3]Die Frauenerwerbsquote gilt als wichtiger Indikator für Gleichberechtigung. Deutschland liegt mit fast drei Viertel der erwerbsfähigen Frauen, die auch tatsächlich berufstätig sind, EU-weit hinter Schweden und Dänemark (Steinlein 2019). Insgesamt stellten Frauen nur in drei

mit derjenigen der männlichen Bevölkerungsgruppe vergleichbar ist, arbeiten hierzulande nur ca. 28 % aller Frauen in Führungspositionen, was innerhalb Europas vergleichbar mit Rumänien ist (Rudnicka 2019). Trotz der Tatsache, dass die Frauenerwerbsquote in Deutschland in den letzten Jahren kontinuierlich gestiegen ist, blieb der Anteil am Arbeitsvolumen jedoch konstant. Zu dieser Ungleichverteilung von Frauen und Männern auf hierarchischen Ebenen (vertikale Segregation des Arbeitsmarktes) kommt, dass Frauen in Führungspositionen um 21 % schlechter bezahlt werden als ihre männlichen Kollegen (DGB 2020).

Frauen stellen nur 9 % des Vorstandes und 31 % des Aufsichtsrates in den 160 börsennotierten Unternehmen des Landes. Auch wenn sich ihr Anteil in den letzten zehn Jahren verdreifacht hat, ist diese Zahl mit Vorsicht zu genießen: Auf eine Aufsichtsrätin kommen meist mehrere Mandate, sodass die Frauenquote dadurch verzogen wird.[4] Nur 24 % der Professuren an deutschen Hochschulen wurden 2018 an Frauen vergeben (Statistisches Bundesamt 2019). Im deutschen Bundestag sitzen seit der Wahl 2017 nur noch 31 % weibliche Abgeordnete, was im Vergleich zu anderen Ländern wie Ruanda (61 %) und Bolivien (53 %) das eurozentrische Weltbild wanken lässt (Staude 2018).

Entwicklungsland Deutschland
„Entwicklungsland. Deutsche Konzerne entdecken erst jetzt Frauen für die Führung" titelt der Allbright-Bericht (2019). Dieser Zustand ist,

---

der insgesamt vierzehn Berufssegmente in Deutschland 2017 den dominierenden Anteil der Beschäftigten (horizontale Segregation des Arbeitsmarktes). Ein Frauenanteil von über 70 % sind v. a. die personenbezogenen Dienstleistungsberufe (Pflege-, Gesundheitsdienstberufe, Reinigungsberufe, soziale und kulturelle Dienstleistungen). Frauen sind dagegen in IT- und naturwissenschaftlichen Berufen, Sicherheitsberufen, Land-/Forst und Gartenbau sowie in Verkehr und Logistik weniger stark vertreten (unter 30 %). Dies gilt insbesondere für Bau-/Ausbauberufe, fertigungstechnische Berufe und Fertigungsberufe (Frauenanteil unter 20 %) (Böckler 2017).

[4]Es gäbe genügend Frauen für deutsche Aufsichtsräte, ca. 6000 Frauen in Deutschland, die kompetent genug seien, um in die Kontrollgremien börsennotierter Gesellschaften hierzulande einzuziehen (300 würden ideal passen). Zu diesem Ergebnis kommt das Startup Hire Digital Talent, das mittels eigener Software die Karriereportale Xing und LinkedIn durchsuchte (NachWelt 2019).

ethisch gesehen, absolut inakzeptabel. In der heutigen – westlichen – Gesellschaft besitzen Frauen auf dem Papier die gleichen Rechte wie Männer sowie gleich- oder sogar höherwertige Bildungsabschlüsse. Die Voraussetzungen zum Karrierestart sind für Frauen also theoretisch genauso gut wie für Männer (Initiative Chefsache 2017). Trotzdem schaffen sie es nicht zu gleichen Teilen in Führungspositionen. Neben individuellen Faktoren, wie Lebenszielen außerhalb des Berufs oder dem individuellen Geschlechterrollenverständnis jeder einzelnen Person, gibt es diverse institutionelle Faktoren (z. B. fehlender Zugang zu informellen Netzwerken, Intransparenz oder unflexible Arbeitsroutinen[5]), die bestehende Ungleichheiten systemisch verfestigen. Dies färbt stark auf die Kommunikations- und Arbeitspolitik ab und stärkt vorwiegend homosoziale Rekrutierung und männliche Routinen (z. B. Old-Boys-Netzwerke). Es existiert somit eine enorme Diskrepanz zwischen betrieblicher Gleichstellungspolitik, vordergründiger Rhetorik und tatsächlicher Entsprechung in Strukturen und Prozessen.

Aus einer personalpolitischen, aber auch individuellen Perspektive ist die Tendenz vieler Frauen, die eigenen Fähigkeiten zu unterschätzen und sich im Arbeitsleben weniger kompetitiv und monetär zu positionieren, sicherlich ein weiterer diskursbestimmender Faktor. Dieses Verhalten wird Downgrading (Verkaufen unter Wert) genannt. Daher ist es für Frauen, die eine Führungsposition anstreben, erwiesenermaßen unabdingbar, ihren Marktwert sowie die eigenen Qualifikationen zu kennen und dementsprechend überzeugend Positionen einzufordern. Dieses Buch verfolgt daher auch den Ansatz des Empowerments, indem es die Leser*innen bewusst in ihrer Handlungsfähigkeit bestärken möchte. Dass weibliche Führung als ein gleichberechtigter Teil des Arbeitslebens gesehen wird, muss allerdings noch viel stärker institutionalisiert werden. Es braucht dringend

---

[5]Es wird hierbei bewusst nicht von „familienfreundlichen Arbeitszeiten" gesprochen, da dies impliziert, Frauen seien primär für die Familienarbeit verantwortlich. Dass sich derzeit noch viele Frauen für ein solches Rollenverständnis entscheiden, ändert nichts daran, dass es um eine Neudefinition des Führungsverständnisses geht: Erst, wenn Führung mit Familie, ohne Macht- und Gesichtsverlust, vereinbar wird, werden sich auch Männer aktiv für Familienarbeit und Auszeiten entscheiden.

gesellschaftlich-organisationale Sensibilisierungsmechanismen wie gendersensible Stellenanzeigen abseits des Jobtitels, nicht-sexistische Sprachempfehlungen sowie Managementtrainings zu den Themen genderneutrale, digitale Führung und unbewusste Voreingenommenheit (Unconscious Bias). Neben der Wortebene hinkt auch die Bilderwelt gehörig hinterher: Fotografien in Geschäfts- oder Nachhaltigkeitsberichten und Präsentationen mit vorwiegend männlichen Icons, Storys zur Firmengeschichte, Panels in Diskussionen oder Redeanteile in Meetings klammern Frauen derzeit meist noch ebenso systematisch aus wie People of Colour oder queere Personen.

Aus einer ökonomischen Perspektive ist belegbar, dass die Beteiligung von Frauen Machtverhältnisse verschiebt sowie Teams produktiver, innovativer und zufriedener macht. Mit mehr Frauen läuft das Geschäft solider, die Gewinne steigen und die Unternehmenskultur verbessert sich. Das Zukunftsinstitut in Hamburg spricht seit 2012 vom Megatrend des Female Shift (inzwischen Gender Shift).[6] Weltweit gelten Frauen als Bildungsgewinnerinnen und stärken so auch zunehmend ihren Einfluss in Politik und Wirtschaft. Die stärkere Feminisierung der Welt ist daher nicht nur eine soziokulturelle Frage, sondern auch eine ökonomische Notwendigkeit (Siegel 2014). Gleichzeitig ändert sich die männliche Geschlechterrolle (vom Breadwinner zum Coach). Diese Rolle hat sich jedoch noch nicht vergleichbar liberalisiert wie diejenige von Frauen: Ein Mann, der länger als für zwei Monate die Rolle eines „Hausmannes" annimmt, stößt sowohl bei Männern als auch bei Frauen in vielen Fällen noch auf Unverständnis.

---

[6]Nach der ersten Welle der Frauenbewegung zu Beginn des 20. Jahrhunderts, bei der unter anderem das Wahlrecht im Fokus stand, setzte in den 1960er Jahren die zweite Welle des Feminismus ein. Das theoretische Fundament legte die Philosophin Simone de Beauvoir mit ihrem Buch „Das andere Geschlecht" (1951), die Bewegung war geprägt von dem Leitspruch „Das Private ist politisch" (Korbik 2014). Um das Jahr 2007 findet ein Übergang vom Feminismus der zweiten Welle zum jüngeren Feminismus statt (intersektional ausgerichtet: mehrere Diskriminierungsformen in einer Person, z. B. Sexismus und Rassismus). Themen sind der positive Zugang zum Körper (body positivity), zur Sexualität und Kritik an Frauenbildern in den Medien. Viele feministisch eingestellte afroamerikanische Personen bezeichnen sich inzwischen nicht mehr mit dem Wort Feministin, das in vielen Diskursen leider immer noch als Stigmawort gilt, sondern als Womanistin (Sahin 2019).

Im Jahr 2276 gleichgestellt
In den meisten Studien zur Gleichstellung belegt Europa vordere Plätze – dank der nordischen Staaten. Laut dem aktuellen Global Gender Gap Report des World Economic Forum (2019) ist die Ungleichheit zwischen Frau und Mann in Island am geringsten. Internationale Abkommen sichern den Europäerinnen Gleichstellung zu, etwa die UN-Konvention zur Beseitigung jeder Form von Diskriminierung oder die Istanbul-Konvention des Europarats zur Prävention und Bekämpfung frauenfeindlicher Gewalt. Die Europäische Union hat die Gleichheit von Männern und Frauen bereits 1992 im Vertrag von Maastricht in ihre Grundwerte aufgenommen (Steinlein 2019). Allerdings gibt es in keinem Land weltweit vollkommene Gleichberechtigung zwischen Männern und Frauen, diese wird erst 2276 erreicht sein. Bei gleichbleibenden Bedingungen dauert es in Westeuropa noch 54 Jahre (World Economic Forum 2019). Diese Zahlen verdeutlichen, dass enormer Handlungsbedarf besteht.

Mindset, Sprache und Verhalten müssen dringend nachjustiert werden – und das nicht nur, um den Gleichstellungsprozess zu beschleunigen, sondern auch, um ihn vielerorts überhaupt erst zu gewährleisten. Es braucht mehr (gesetzliche, ökonomische und individuelle) Anreize, Frauen in Führungspositionen zu bewegen, zu halten und sichtbar zu machen. Es braucht Zugang zu IT, Bildung und „männerdominierten" Berufen sowie eine Kombination von „soft rewards" (z. B. persönliches Feedback) und „hard rewards" (z. B. Beförderungen). Führung muss als greifbarer Skill behandelt und möglichst früh ins Leben von jungen Frauen sozialisiert werden, was die KPMG Women's Leadership Study (2019) ebenso betont. Gender- und Diversity-Kompetenzen sind zentrale Management-Kompetenzen und wichtiger denn je für disruptive und digitale Märkte.

In den folgenden Kapiteln stehen zunächst die Definition von Leadership und der Weg zu Female Leadership und anderen Spielarten des Diskurses (Kap. 2) im Fokus. Kap. 3 skizziert neue Trends der Führung und erläutert, warum gerade Frauen dafür prädestiniert sind. Anschließend wird Female Leadership in den Domänen Corporate, Entrepreneurship, Science und Politics vorgestellt (Kap. 4). Kap. 5 befasst sich mit den Vorurteilen, denen Frauen in der Führungsrolle begegnen und wie diesen entgegenwirkt werden kann. Daraufhin wird die Bedeutung von Sprache im beruflichen Diskurs am Beispiel gendergerechter Stellenanzeigen konkretisiert (Kap. 6). Kap. 7 illustriert Best Practices, Vorbilder und pragmatische Handlungsempfehlungen für Digital Female Leaders. Im Anschluss werden Ansätze zum Female Empowerment in der Arbeitswelt 4.0 sowie die daraus resultierenden positiven Auswirkungen auf Unternehmenskultur und Performance präsentiert (Kap. 8). Kap. 9 fasst über 100 Maßnahmen für ein ganzheitliches Female Leadership Management in einem Instrumentarium zusammen, das mit systemischen Ebenen und KPI-Empfehlungen komplettiert wird.

Ihr Transfer in die Praxis

- Es braucht eine kritische Masse von Frauen, um Diversity-Effekte zu erreichen.
- Es gibt genügend Frauen für deutsche Aufsichtsräte – seien Sie ein First Mover!
- Ermöglichen Sie Zugang zu IT, Bildung und „männerdominierten" Berufen sowie eine Kombination von „soft rewards" (z. B. persönliches Feedback) und „hard rewards" (z. B. Beförderungen).

Literatur

AllBright Stiftung gGmbH (2019): Entwicklungsland. Deutsche Konzerne entdecken erst jetzt Frauen für die Führung. Bericht der AllBright Stiftung, September 2019.

Böckler (2017): Horizontale Segregation des Arbeitsmarktes 2017. https://www.boeckler.de/53494.htm (letzter Zugriff: 03.02.2020).

Beauvoir, Simone de (2009 [1951]): Das andere Geschlecht. Reinbek bei Hamburg: Rowohlt.

Bund, Kerstin; Heuser, Uwe Jean und Ann-Kathrin Nezik (2019): Eine von 31. In: DIE ZEIT Nr. 43/2019. https://www.zeit.de/2019/43/jennifer-morgan-sap-vorstand-aufsichtsrat-dax-fuehrungsposition-frau (letzter Zugriff: 14.11.2019)

DGB (2020): Projekt: „Was verdient die Frau". https://www.was-verdient-die-frau.de (letzter Zugriff: 12.01.20).

Forbes (2019): The World's 100 Most Powerful Women. Forbes Media, 2019. https://www.forbes.com/power-women/list/ (letzter Zugriff: 10.01.19)
Initiative Chefsache (2017): Chefsache-Konferenz 2017: Eine neue Art von Führung für Chancengerechtigkeit. https://initiative-chefsache.de/chefsache-konferenz-2017/ (letzter Zugriff: 14.11.19)
Kaup, Julia (2015): Die Unterrepräsentanz von Frauen in Führungspositionen. Eine Ursachenanalyse. Wiesbaden: Springer Gabler.
Korbik, Julia (2014): Stand Up. Feminismus für Anfänger und Fortgeschrittene. Berlin: Rogner und Bernhard.
KPMG (2019): Risk, Resilience, Reward. Mastering the three "R's": The key to women's succes in the workplace. KPMG Women's Leadership Study.
Kramer, Vicki W.; Konrad, Alison M. und Sumru Erkut (2006): Critical Mass on Corporate Boards: Why Three or More Women Enhance Government. Executive Summary. Wellesyley Centers for Women's Publications Office.
Lutz, Barbara (Hrsg.) (2018): Frauen in Führung. Modernität und Agilität – wie die Veränderung der Unternehmensprozesses und Kultur Innovation fördert. Wiesbaden: Springer Gabler.
NachWelt (2019): Es gibt genug Frauen für die Aufsichtsräte. Artikel von DrByos in NachWelt, 28.12.19. https://www.nach-welt.com/es-gibt-genug-frauen-fur-die-aufsichtsrate/ (letzter Zugriff: 07.01.19)
Rudnicka, J. (2019): Statistiken zur Frauenquote. In: statista, 08.02.19. https://de.statista.com/themen/873/frauenquote/ (letzter Zugriff: 10.01.20)
Sahin, Reyhan a.k.a. Dr Bitch Ray (2019): Yalla, Feminismus! Stuttgart: Tropen.
Siegel, Veronique (2014): War's das schon? Wie Frauen ihre Chance verpassen. Zürich: Orell Füssli Verlag.
Statistisches Bundesamt (2019): 1,3% mehr wissenschaftliches Hochschulpersonal im Jahr 2018. Pressemittelung Nr. 256 vom 5.7.2019. https://www.destatis.de/DE/Presse/Pressemitteilungen/2019/07/PD19_256_213.html (letzter Zugriff: 10.01.20)
Staude, Linda (2018): Der Fortschritt ist weiblich. Frauenwunder in Ruanda. In: Deutschlandfunk Kultur, 27.11.18. https://www.deutschlandfunkkultur.de/frauenwunder-in-ruanda-der-fortschritt-ist-weiblich.979.de.html?dram:article_id=434247 (letzter Zugriff: 19.12.19)
Steinlein, Eva (2019): So emanzipiert sind Europas Frauen: Große Unterschiede in der Gleichberechtigung. In: Deine Korrespondentin, 15.08.19. https://www.deine-korrespondentin.de/so-emanzipiert-sind-europas-frauen/ (letzter Zugriff: 18.12.19)

Weibler, Jürgen (2016): Frauen als Fremdkörper im Management? Eine schonungslose Analyse der Führungssituation von Frauen und eine machtvolle Empfehlung. Hemer: Leadership Insiders Publishing.
World Economic Forum (2019): The Global Gender Gap Report 2020. https://www.weforum.org/reports/gender-gap-2020-report-100-years-pay-equality (letzter Zugriff: 02.01.20)

2
(Fe)Male Leadership? Female Leadership!

The female of the species is more deadly than the male.
(Rudyard Kipling) (Kipling 1919).

> **Was Sie aus diesem Kapitel mitnehmen**
> - Sie erhalten einen Überblick über den Führungsbegriff und derzeitige Leadership-Trends.
> - Führung muss im Spannungsfeld zwischen Leadership und Management neu definiert werden.
> - Frauen haben Fähigkeiten, die sie zum transformationalen Führen prädestinieren.
> - Female Leadership gilt als notwendiger sprachlicher Zwischenschritt.
> - Mixed Teams und weibliche Unternehmensnachfolge bieten einige Vorteile.

Der Begriff Führung ist im Deutschen historisch negativ belegt und vielfach ideologisch umkämpft. Manche Bereiche der Wissenschaft und Praxis versuchen, die Handlung der Führung auf weitere organisationale Phänomene auszuweiten und mit verschiedenen Labels auf Wortebene zu verkomplizieren. Das Phänomen tritt vor allem im englischen

Sprachraum auf, vermutlich weil der Begriff Leadership anders und positiver besetzt ist als der Begriff Führung in der deutschen Sprache.

In diesem Kapitel soll keine theoretische Abhandlung über den Führungs- oder Leadership-Begriff stattfinden, der bereits vielfach in der Management- und Organisationstheorie diskutiert wurde (z. B. Peters 2015; Bass 2008). Führung wird hier als die zielgerichtete Beeinflussung des Erlebens und Verhaltens von Einzelpersonen und Gruppen innerhalb von Organisationen verstanden. Der Begriff ist als multidimensionales Konzept anzusehen, indem eine Führungskraft dazu befähigt wird, die eigenen Mitarbeiter*innen und ihren Teil einer Organisation authentisch und kongruent anzuleiten. Wie und auf welchen Ebenen sie dies tut, kann auf vielfältige stilistische Arten geschehen (aufgabenorientiert, mitarbeiter*innenorientiert, situativ, kooperativ, selbstorganisiert etc.). Vielmehr sollen in diesem Buch die drei Subsysteme fokussiert werden, durch die Führung erst entsteht, wie sie Niklas Luhmann (1997) als Begründer der Systemtheorie beschrieben hat: Führung ist danach eine Kopplung von biologischem System (Individuum/Organisation), psychischem System (Denkmuster) und sozialem System (Sprache und Kommunikation). Zwischen diesen Systemen finden permanente Austauschprozesse statt, die von den Polen Zusammenhalt (Kohäsion) und Weiterentwicklung (Lokomotion) geprägt sind. Diese soziokulturelle Definition scheint für das vorliegende Buch operabel, da sie die komplexen und reziproken Wechselbeziehungen zwischen den Polen Individuum – Organisation und den ausgetauschten Denkmustern mittels Sprache ansatzweise rahmt.

Management als männliches Dilemma
Mit Führung im Allgemeinen werden typische Eigenschaften wie Dominanz und Selbstsicherheit assoziiert, die meist Männern zugeschrieben werden. Dies ist bereits als das „think manager, think male"-Phänomen seit gut dreißig Jahren bekannt – unabhängig davon, dass es keine empirischen Belege dafür gibt, dass Männer tatsächlich besser für Führungspositionen geeignet sind. Dieses Phänomen wurde erstmals von Schein et al. (1996) beschrieben, da Eigenschaften, die von Führungskräften erwartet wurden, eher denen ähnelten, die mit

Tab. 2.1 Management und Leadership im Vergleich. (Eigene Darstellung nach dem Gabler Wirtschaftslexikon)

Management	Leadership
„harte Faktoren"	„weiche Faktoren"
Transaktionale Führung	Transformationale Führung

Männern verbunden waren, was als kulturell übergreifendes Paradigma tief im menschlichen Bewusstsein verankert ist.[1]

Das Gabler Wirtschaftslexikon (2018) fasst vornehmlich zwei begriffliche Abgrenzungen zusammen: Einerseits die Unterscheidung zwischen Management und Leadership, andererseits den Unterschied zwischen transaktionaler und transformationaler Führung (vgl. Tab. 2.1). Management ist demnach eher auf instrumentelle Steuerung und damit auf harte Faktoren (z. B. Anleitungen, Frameworks, Prozesse) bezogen, Leadership hingegen wird als „beeinflussend/motivierend" definiert und demnach mit weichen Faktoren (z. B. Unternehmenskultur, Kommunikation, Motivation) in Verbindung gebracht. Das Wort Manager wird mit Vorstand oder Abteilungsleitung assoziiert, Führungskraft hingegen auch mit Coaching, Personalentwicklung und Persönlichkeitsentwicklung (Belica 2001). Weiterhin wird im Gabler Wirtschaftslexikon differenziert zwischen transaktionaler Führung (Belohnung oder Sanktion gegen Leistung) und transformationaler Führung (charismatische Vermittlung von visionären Impulsen). Die transformationale Führung wird zudem häufig umgangssprachlich mit dem Konzept der Leadership gleichgesetzt.

Neben dieser strukturellen, begrifflichen Abgrenzung ist auch eine temporale Unterteilung zielführend. Die Zeiten, in denen ein mechanistisches und oft autoritäres, männliches Management dominierte, sind vorüber. In der disruptiven Arbeitsumgebung von heute reicht es nicht mehr aus, funktionierende Prozesse und Regeln zu replizieren, und das zu sanktionieren, was vermeintlich „fehlerhaft" ist.

---

[1]Simone de Beauvoir belegt die Kategorie des „Anderen" in den ältesten antiken Mythologien (römisch, indisch, chinesisch), Frauen fehlten etwa gewisse Eigenschaften (Aristoteles); Eva wurde als zweites Geschöpf aus einem überzähligen Knochen Adams erschaffen (Bibel) (de Beauvoir 1951).

Das demokratisch und organisch anmutende Konzept der Leadership gewinnt daher mehr an Bedeutung, um einen produktiven Umgang mit der steigenden Unsicherheit in Organisationssystemen und dem Wunsch nach Mitspracherecht aller Angestellten zu entsprechen, was auf dem Kontinuum eher dem Pol „weiblich" entspricht.

Pale, male, Yale hat ein Ende
Neue Muster setzen sich in komplexen Systemen wie Organisationen allerdings erst langsam durch und gerade Stereotype halten sich in Führungsetagen hartnäckig. Geschlechterstereotype beinhalten vereinfachte Vorstellungen darüber, wie Frauen und Männer im Allgemeinen sind bzw. sein sollten: Frauen wollen nur reden. Männer kommen auf den Punkt (Kap. 5). Dieser geschlechtsbezogene Verzerrungseffekt (Gender Bias) ist allerdings eindeutig keinem Mangel an weiblichen Führungsfähigkeiten zuzuschreiben.

Mit dem Durchbruch des Leadership-Konzepts geht zunehmend auch eine Infragestellung des mechanistischen Management-Konzepts einher. Das männliche Symbolisieren des Top-Managements (durch vermeintliche Statussymbole wie Uhren, Manschettenknöpfe und große Autos) prägt zwar bis heute den Führungsalltag, doch die Privilegien der einst führenden „old white men" (neuerdings auch: „pale, male, Yale"), bröckeln inzwischen soweit, dass jüngst Siemens-Vorstand Josef Käser die Fridays-for-Future-Aktivistin Luisa Neubauer im Streit um die Siemens-Zulieferung für ein australisches Kohlebergwerk in den Aufsichtsrat von Siemens Energy berufen wollte. Diese lehnte jedoch dankend ab und bat darum, das Angebot an ein/e Vertreter*in der Community Scientists for Future weiterzugeben (vgl. FAZ online 2020).

Gerade der Einsatz von weiblichen Führungskräften wird in diversen Bereichen sogar als vorteilhaft beschrieben und wurde in zahlreichen Studien belegt (Miranda et al. 2019). Diese kommen konsensual vor allem zu folgenden Resultaten:

- Frauen bringen höheres Humankapital mit: Auf der ganzen Welt haben Frauen bessere Bildungsabschlüsse in Schule und Studium. Der Anteil der Hochschulabschlüsse bei 30–34-jährigen Frauen in

Deutschland ist beispielsweise höher als bei Männern dieser Altersgruppe, nämlich 30 % gegenüber 27 %. Daneben weisen Frauen auch mehr Weiterbildungen in ihrer Vita auf (Stat. Bundesamt 2018).
- Frauen prägen das Konsumverhalten: Frauen beeinflussen ca. 80 % der Konsumentscheidungen, was in Deutschland bislang wenig im Forschungsdiskurs zur Sprache kommt (Wittenberg-Cox 2010). „Frauen sind das nächste China!" ließ Daimler-Vorstand Dieter Zetsche verlauten (Brandt 2015). Porsche hat den Frauenanteil in Führungspositionen innerhalb von vier Jahren verdoppelt (Endres 2017).[2] Auch die Finanzbranche ist inzwischen dahintergekommen, welche wirtschaftlich hochinteressante Zielgruppe sie zu lange vernachlässigt hat, sodass vermehrt Weiterbildungen zur Financial Literacy für Frauen und sogenannte „Pink-Finance-Produkte"[3] designt werden, z. B. von der Sparkasse (2019). Um Anschlussfähigkeit an diese neue Zielgruppe sicherzustellen, muss sich weibliche Repräsentation auch in der Unternehmensführung von Industrie und Handel befinden.
- Frauen meistern Teamkoordination: Mit steigenden Anforderungen an Teams, beispielsweise durch wachsende Teamgröße, Internationalität und zunehmende Diversität, steigen auch die Koordinationsherausforderungen für Führungskräfte. Weibliche Führungskräfte haben ein hohes Potenzial, ebendiese solide zu bewältigen, indem sie kooperatives Lernen und einen stärkeren Zusammenhalt im Team fördern. Dieser Zusammenhang wurde u. a. in einer Studie von Saba Software (Fallon 2015) offensichtlich,

---

[2]Dies wurde erreicht durch: fixe Quoten mit halbjährlicher Berichterstattung für jeden Bereich, bonusrelevante Beförderungspolitik, kaskadenartiges Beförderungsmodell, Mentoring- und Coaching-Programme, Einführung von Home Office, Führung in Teilzeit sowie Einrichtung einer Kita.

[3]Die Mannheimer Professorin Alexandra Niessen-Ruenzi rät dennoch nicht zur „rosa Geldanlage", sondern empfiehlt, sich mit der eigenen Risikobereitschaft auseinanderzusetzen und solides Finanzwissen zu erlernen. Frauen erhalten jedoch bislang eine andere Finanzberatung als Männer (u. a. schlechtere Angebote, kürzere Gespräche) (Wolf-Doettinchem 2019).

die Männern eine karrierezentrierte Motivation bescheinigte, während Frauen zu einem ganzheitlichen, selbstkritischen Ansatz tendierten.[4] Dies wurde von einer Langzeit-Studie des Harvard Business Review (Zenger und Folkman 2012) über 30 Jahre hinweg bestätigt, die Führungsqualitäten von Männern und Frauen anhand von 16 Kompetenzen verglich. Frauen schnitten darin besser ab, Beziehungen aufzubauen, andere zu inspirieren und zu motivieren.

- Frauen beherrschen beziehungsorientierte Kommunikation: Frauen schneiden in (Verhandlungs-)Gesprächen im Bereich „Gesprächsqualität" insgesamt besser ab, da sie weniger hierarchie- oder statusbasierte Kommunikation nutzen, stärker auf das Gegenüber eingehen und taktische Informationssilos weniger einsetzen. Frauen wurden daneben als deutlich höflicher und diplomatischer eingestuft (Sagner 2017). Diese kooperativen und integrativen Fähigkeiten sind wertvolle soziale Skills und Karrieretrigger, um kooperative Gesprächsklimata herzustellen, was gerade in langfristigen Geschäftsbeziehungen mehr denn je gefragt ist.
- Frauen verknüpfen Lebensbereiche besser miteinander: Das Kieler Institut für Weltwirtschaft befand in einer Studie innerhalb der G-20-Staaten (4900 Befragte, 31 Länder), dass die Digitalisierung den Gender-Equality-Prozess beschleunigt und bessere Chancen für weibliche Führungskräfte bietet, da diese stärker den Zugang zum Arbeitsmarkt auf digitalen Plattformen nutzten (Sorgner et al. 2017). Gleichzeitig waren sie versierter in ihrer Selbstorganisation (Müttern wurde u. a. die „Chaos-Kompetenz" zugeschrieben) und betrieben besseres Grenzmanagement innerhalb ihrer Lebensbereiche. Sie identifizierten sich nicht nur mit ihrer beruflichen Rolle und hatten dadurch möglicherweise ein reduziertes Risiko für psychische Krankheiten wie Burn-Outs. Außerdem waren sie offener für flexible Arbeits- und Zeitmodelle.

---

[4] 65 % der Frauen (gegenüber 56 % der Männer) gaben an, dass sie Führungsqualitäten darin sahen, ihr Wissen zu teilen, mit dem Team in Kontakt zu treten und dem Unternehmen zu helfen (Fallon 2015).

Gerade die letzten drei der beschriebenen Beobachtungen beziehen sich auf solche Befunde, die womöglich mit der Sozialisation von Frauen zusammenhängen, da die weibliche Geschlechterrolle meist entlang des Pols Kooperation (Gemeinschaftsorientierung und Integration) konstruiert wird. Durch die performative Kraft von Sprache werden die Kategorien „weiblich" versus „männlich" wiederum geformt und in permanenter Wiederholung bestätigt. Dies kann für Frauen im Führungskontext weitreichende Folgen haben.[5]

Transformationale Führung ist weiblich
Ein kooperatives Verhalten wird auch innerhalb des Leadership-Konzepts und der transformationalen Führung beschrieben.[6] „Weibliche" Attribute werden also neben den typisch männlichen zugeschriebenen Eigenschaften des Managements auch im Mainstream-Diskurs um Führung lauter und weisen der Transformation von Organisationen den Weg. Die transformationale Führung zeichnet sich insgesamt durch vier Komponenten aus:

- Mitarbeiter*innen durch Visionen inspirieren und motivieren (inspirierende Motivierung)
- Mitarbeiter*innen ein Vorbild sein (idealisierte Einflussnahme)
- Mitarbeiter*innen zu kreativem und innovativem Denken anregen (intellektuelle Stimulierung)
- auf die individuellen Bedürfnisse der Mitarbeiter*innen eingehen und sie entsprechend fördern (individuelle Unterstützung) (Salwender/Schöl 2019)

---

[5]Polarisierungen nach Geschlechterrollen sind schon in Lexika des 18. Jahrhunderts auffindbar (Hausen 1976). Die Unterscheidung von männlichem und weiblichem Habitus war unter anderem ein zentraler Aspekt der Verbürgerlichung westlicher Gesellschaften und der Durchsetzung des zugehörigen polaren Geschlechterideals von Frauen (Wärme oder Expressivität bzw. Feminität, Gemeinschaftsorientierung) und Männern (Kompetenz oder Instrumentalität, Maskulinität, Selbstbehauptung) (Eckes 2010).
[6]Vgl. zu Leadership-Trends auch die vertrauensbasierte Führung, empathische oder resonante Führung, die emotionale Führung, charismatische Führung und das Konzept der Neuroleadership in Gadatsch et al. (2017). Aus dem Englischen stammen die Begriffe Cohesive Leadership oder Sustainable Leadership.

Wie in Zukunft geführt werden soll, kann allerdings erst geklärt werden, wenn ausgehandelt wurde, wer überhaupt (und mit wem zusammen) führt. Die Begriffe Plural/Collective Leadership, Mixed Leadership, Co-Leadership, Distributed Leadership oder Shared Leadership deuten bereits an, dass der Trend weg vom alleinigen Manager geht, was der Soziologieprofessor Michael Kimmel (2015) mit dem „Aussterben des Lonesome Cowboy" andeutet. Bei genderneutraler Führung sind wir derzeit jedoch noch nicht angekommen.

Eine Zusammenfassung vieler Forschungsergebnisse legt nahe, dass Frauen im Vergleich zu Männern derzeit transformationaler führen und diese Führungsart mit einer hohen Effektivität der Führungskraft einhergeht (Eagly et al. 2003). Männer werden allerdings, wenn sie transformational führen, noch positiver bewertet als Frauen, da diese Führungsart von ihnen insgesamt weniger erwartet wird. Frauen machen damit also alles richtig, aber eben auch nicht mehr (Hentschel et al. 2018). Dies beschreibt die ambivalente Situation mancher Führungsfrau nur allzu gut.

Female Leadership als sprachlicher Zwischenschritt
Semantische Assoziationstests, die implizite Bewertungen von Wörtern aufdecken, bestätigen letztlich die These, dass die Wörter *Führung* und *Leadership* derzeit beide noch überwiegend männlich konnotiert sind (LexisNexis 2019), d. h. Menschen bei einer Führungskraft eher an Männer denken. Dass dieser Umstand noch so wahrgenommen wird, lässt sich auch daran verdeutlichen, dass niemand von Male Leadership spricht, jedoch in Deutschland seit 2004 der Gebrauch der *Wortverbindung Female Leadership* nachweisbar ist. Eine eigene Untersuchung im Online-Recherche-Tool LexisNexis zeigt: Für die Wortverbindung *Female Leadership* gibt es in englischsprachigen Medien über 12.000 Ergebnisse in den letzten vier Jahrzehnten. In deutschsprachigen Medien liegt der erste Treffer im Jahr 2004; insgesamt kommt es zu nicht einmal 100 Nennungen (LexisNexis 2019).

Wollen wir einen systemischen Wandel hin zu genderneutraler Führung forcieren, braucht es den sprachlichen Zusatz *female* dringender denn je. Wollen Frauen nämlich an die Spitze, stellen hartnäckige Geschlechterstereotype eine der größten Hürden für sie dar.

Frauen werden eher mit Mitarbeitenden denn mit Führenden assoziiert (der sogenannte Think-Follower-Think-Female-Effekt), was ihnen die Eignung für eine Führungsposition qua Geschlecht bereits abspricht (Koenig et al. 2011). Da gesellschaftliche Veränderungsprozesse über das Medium der Sprache geschehen, bedeutet dies, dass ein bislang noch nicht akzeptiertes Merkmal innerhalb eines Konzepts noch explizit genannt werden muss *(female)*, bis es in das kollektive Sprachwissen übergegangen ist.

Soll das Konzept Leadership bzw. Führung in Zukunft genderneutral werden, geht dies sehr viel schneller durch die explizite Benutzung dieses sprachlichen Zwischenschritt, um Frauen gedanklich in das Führungskonzept zu integrieren. Irgendwann wird sich die sprachliche Mitbezeichnung von Frauen überflüssig machen, wenn die Gesellschaft das Führungskonzept um sie und andere marginalisiert Gruppen erweitert hat. Die Geschlechterfrage ist dabei der erste Baustein von Diversity und macht den Weg frei für weitere Entwicklungsfragen sozio-ökonomischer Art. Hat die Gesellschaft diesen Status-Quo erreicht, kann wieder nur von *Leadership* gesprochen werden. Idealerweise beginnt dann das Zeitalter der genderneutralen Führung, der (Human) Leadership.

(Fe)Male Leadership -> Female Leadership -> (genderneutrale) Leadership
Frauen dürfen und müssen heute mitgedacht werden. Female Leadership heißt, dass Frauen genauso selbstbewusst und selbstverständlich wie Männer ihr Potenzial und ihre beruflichen Erfolge in die organisationale Rolle als Führungskraft einbringen können, wenn sie sich dafür entscheiden. Bisher profitieren Frauen in Führung nur von einem Erfolg in einer typisch männlichen Domäne, nicht aber von einem Misserfolg (Reinhard et al. 2008). Female Leadership bedeutet daher auch, dass Frauen – wie Männer – Fehler machen dürfen, ohne in ihrer grundsätzlichen Rolle als Führungskraft infrage gestellt zu werden. Diese Kombination von (Male) und Female Leadership lehnt sich an die Theorie der organisationalen Beidhändigkeit (Ambidextrie; Schulze 2009) an, da Unternehmen zwischen den Polen *exploitation* (Bestehendes effizient nutzen und ausschöpfen) and *exploration*

(Unbekanntes erkunden) oszillieren müssen, um voranzuschreiten. Am Ende des Prozesses stünde dann ein genderneutraler und chancengerechter Machtzugang von Frauen, Männern sowie allen anderen Menschen zu Managementpositionen in gesellschaftlichen Arbeits- und Lebensbereichen.

Exkurs: Ist Rendite weiblich?
Der langfristig höhere Erfolg von diversen Teams ist in vielen Studien diskutiert worden, da komplementäre Eigenschaften meist zu positiven Synergien führen: Im Diskurs werden als Vorteile diverser Teams etwa Perspektivenvielfalt, Erhöhung der kollektiven Intelligenz oder hohe Innovations- und Veränderungskompetenz angeführt. (Geschlechter-) Diversität auf der Führungsebene verbessert die Leistung eines Unternehmens. Doch lassen sich auch messbare Einflüsse auf Umsatz oder Aktienwert feststellen? Weltweit gibt es inzwischen immer mehr Gender-Equality-Fonds, die Unternehmen mit einem vergleichsweise hohen Frauenanteil listen und höhere Renditen versprechen. Enthalten sind in ihnen viele digital agierende Unternehmen wie SAP, Microsoft, Facebook und Cisco Systems.[7] Moderner Erfolg, Diversität und Digitalisierung gehören scheinbar zusammen. Noch mehr Schwung bekommt die Finanzindustrie dabei von Interessent*innen bezüglich Geldanlagen, die gute ESG-Werte (Environment, Social und Governance) aufweisen, d. h. Investments, die neben wirtschaftlichen Anlagezielen auch nachhaltige Kriterien der Anleger*in berücksichtigen. Kriterien für „ethisch korrektes" und nachhaltiges Wirtschaften werden dank verschiedener Vorgaben der EU und UN immer stärker beachtet und schließen das Thema Gendergerechtigkeit als eines der Reporting-Kriterien mit ein (Braun 2019).

Eine 2016 vom Credit Suisse Research Institute veröffentlichte Studie ließ verlauten, dass bei den 3000 weltweit untersuchten Unternehmen, in denen Frauen ein Drittel der Entscheidungspositionen besetzten, ca. 4 % höhere Aktienkurse erzielt wurden, als bei denjenigen mit niedrigeren weiblichen Anteilen. Zudem war der Aktienkurs umso

---

[7]Ein Beispiel ist der Pax Ellevate Global Women's Index Fund (PAX World Fund 2019).

höher, je mehr Frauen in der Geschäftsleitung operative Verantwortung trugen (Misercola 2016). Auch die McKinsey-Studie Delivering through Diversity (2018) führte an, dass vor allem das Element „Frauen in der Geschäftsführung" ein signifikanter Einflussfaktor für den Unternehmenserfolg bei ihren 1007 analysierten Unternehmen aus 12 Ländern war. Das Viertel der Unternehmen mit den meisten Frauen im Vorstand war mit einer Wahrscheinlichkeit von 21 % profitabler und von 27 % besser in der Wertentwicklung als der Durchschnitt. Bei den Unternehmen mit der besten Performance arbeiteten zudem mehr Frauen in ertragsgenerierenden als in unterstützenden Funktionen.

Auch die Wirtschaftsprüfung KPMG führte 2019 eine vergleichende Analyse von Familienunternehmen in den Metropolregionen Rhein-Neckar und Stuttgart durch. Sie stellte fest, dass die Gesamtkapitalrentabilität über einen Zeitraum von 18 Jahren bei denjenigen Unternehmen am höchsten war (8 %), deren Geschäftsführung rein aus Frauen bestand. KPMG interpretierte diese Tatsache so, dass Frauen in Führungspositionen aufgrund der beschriebenen gesellschaftlichen Geschlecherstereotype ein größeres Humankapital mitbrächten (bessere Ausbildung und mehr Berufserfahrung). Auch verspürten sie mehr Druck, überproportionales Engagement zu beweisen (KPMG 2019).

Die meisten Analysen fokussieren sich jedoch nur auf den Börsenwert des Unternehmens, nicht auf die Governance. Jan Riepe und Philip Yang von der Universität Tübingen fanden dagegen jüngst heraus, dass Unternehmen in Norwegen[8], in denen bereits 2006 eine Frauenquote von 40 % in Leitungsgremien eingeführt worden war, ihre Risiken besser senken und nachhaltigen Erfolg sicherstellen konnten (Riepe und Yang 2019). Eine Erklärung fanden sie in der geringeren weiblichen Risikobereitschaft bezüglich der Finanzen.[9] Dieses Muster

---

[8]Anders als in Deutschland gibt es in Norwegen keine strikte Trennung zwischen Vorständen und Aufsichtsräten. Das heißt: Die Zahl 40 % gilt nicht nur für das Aufsichtsgremium, sondern auch für den operativen Vorstandsbereich.

[9]Immer wieder wird diskutiert, warum skandinavische Unternehmen international weit überdurchschnittlich erfolgreich sind. McKinsey schreibt im Economy-Report: „Ein ganz wesentlicher Grund: die Mitarbeiter (sic!). Die Managements sind professioneller, die Beschäftigten überdurchschnittlich qualifiziert. Vor allem aber bemühen sich die Unternehmen um einen konstruktiven Umgang mit ihren Mitarbeitern (sic!) und gehen auf ihre spezifischen Interessen ein" (McKinsey Sweden und McKinsey Global Institute 2012).

wirkte sich positiv für die Unternehmen aus, da weniger riskante Geschäfte stattfanden. Außerdem wurde von einem disziplinierenden Effekt ausgegangen: Wenn bereits eine Frau im Management war, gewannen die Gremien an Professionalität und waren weniger anfällig für Seilschaften und Kumpaneien.[10] Der Corporate-Governance-Kodex[11] empfiehlt bereits seit zehn Jahren mehr Vielfalt in den Kontrollgremien, um unabhängigere Entscheidungen zu treffen und das Regelsystem eines Unternehmens zu verbessern. Nicht nur das Thema ökonomischer Output bewegt somit die Gemüter, sondern auch der Arbeitsstil scheint in gemischten Teams ein Thema zu sein: Das Institut zur Zukunft der Arbeit (De Paola et al. 2018) unterstellt geschlechtergemischten Teams einen gewissenhafteren und effizienteren Arbeitsstil. Somit steigt auch die Innovationsfähigkeit. Homogene Teams haben zwar kürzere Diskussionszeiten, aber dadurch auch ein geringeres Innovationspotenzial. In diversen (Führungs-)Teams wagen Menschen schneller und eher, etwas oder sich zu verändern, als in Teams, in denen alle gleich sind.

Die positiven Effekte zwischen Diversität und wirtschaftlichem Erfolg werden jedoch kontrovers diskutiert und Aktionär*innen haben oft wenig Interesse an mehr Frauen an der Spitze, da ein risikoärmeres Verhalten mit geringeren Kursschwankungen auch kurzfristig weniger Geld für Einzelne bedeuten kann. Dass diese Haltung volkswirtschaftlich verheerend ist, hat die Finanz- und Wirtschaftskrise demonstriert. Es gibt dennoch auch Ausnahmen von der Regel: Die Investmentbank Lehman Brothers hatte damals eine Finanzchefin namens Erin Callan.

---

[10]Aaron A. Dhir (2015) belegt, dass geschlechtergemischte Teams zu einem besseren Miteinander in norwegischen Aufsichtsräten führten. Gründe dafür waren ein intensiverer Austausch und systematischeres Arbeiten, was bessere Entscheidungsfindungen ermöglichte. Dadurch konnte eine qualitativ hochwertigere Kontrolle und Beratung des Executive Committees erreicht werden. Insgesamt fiel ein angenehmeres Verhalten der männlichen Mitglieder und somit eine positive Veränderung der Boardkultur auf.

[11]Der Deutsche Corporate Governance Kodex stellt wesentliche gesetzliche Vorschriften zur Leitung und Überwachung deutscher börsennotierter Gesellschaften dar und enthält (inter-)national anerkannte Standards guter und verantwortungsvoller Unternehmensführung (Regierungskommission DCGK 2020).

Exkurs: Vater-Tochter-Tandems erfolgreich in der Unternehmensnachfolge?
In der Generation X waren 33 % der Nachfolger*innen in familiengeführten Unternehmen weiblich, während es in der Generation Y immerhin 47 % sind, wie eine Studie des Wittener Instituts für Familienunternehmen (Otten-Pappas und Jäkel-Wurzer 2017) aufführt.[12] Generell lässt sich ein positiver Trend bei der Übernahme von Firmen durch Frauen feststellen, sodass Töchter vermehrt ihren Anspruch auf die Geschäftsführung anmelden und diesen gegen Brüder, Ehemänner oder externe Manager durchsetzen (bga 2015). Als gelungenes Beispiel hierfür können Trumpf-Geschäftsführerin Nicola Leibinger-Kammüller und ihr Vater Berthold Leibinger gelten. Leibinger-Senior übergab das Unternehmen nicht an einen seiner beiden Söhne, sondern an seine Tochter. Nichtsdestotrotz tauchen in der Realität häufig patriarchalische Vorurteile auf, sodass 60 % der Töchter auch zwei Jahre und länger das Unternehmen noch gemeinsam mit ihrem Vater führen. Dieser ist Mentor und nach wie vor in wichtige Geschäftsentscheidungen involviert (Rau 2015).

Die Ursache für diese relativ lange Zusammenarbeit im Vater-Tochter-Tandem, das ökonomisch meist fruchtet, wird unter anderem in der geringeren Rivalität im Vergleich zu Vater-Sohn-Tandems vermutet, da Söhne oft eine schärfere Abgrenzung zu ihrem Vater suchten. Bei einer geplanten Übernahme komme es in der Konstellation Vater-Tochter meist zu einer konfliktfreieren Übernahme und einem gleitenden Generationenwechsel. Entscheidet sich eine Firma bewusst für die Tochter, richtet diese häufig ihre gesamte Ausbildung an der Übernahme aus, sodass sie letztlich über ein höheres Humankapital verfügt und das Familienunternehmen gleich erfolgreich oder sogar erfolgreicher als ein männliches Pendant führt (Allbright 2018).

---

[12]Dies ist jedoch wiederum auch ein Beispiel für Privilegiertheit durch Herkunft. Weiter zu fragen wäre im Verlauf der Diskussion: Wäre die Tochter überhaupt in diese Position gekommen, wenn es a) einen Sohn gegeben hätte oder b) sie nicht die Tochter, sondern eine Frau außerhalb der Familie gewesen wäre?

Trotzdem wünschen sich fast 90 % der deutschen Unternehmer weiterhin einen männlichen Nachfolger und Töchtern haftet leider immer noch das Image einer Notlösung an (bga 2015). Der Rechtsanwalt Hannspeter Riedel hatte in seinem Buch Unternehmensnachfolge regeln (2000) vor gut 20 Jahren bereits kritisiert: „Es ist schon erstaunlich, der ansonsten kühl und nüchtern kalkulierende […] Unternehmer fällt bei dieser Grundsatzentscheidung in ein nicht mehr zeitgemäßes Patriarchdenken zurück". Deutschlandweit versucht die IHK mit der Initiative „Nachfolge ist weiblich!" für dieses Thema zu sensibilisieren.

> **Ihr Transfer in die Praxis**
> - Führungsleitbild in der Organisation reflektieren und transformieren.
> - Female Leadership als Wort im Team etablieren und aktiv nutzen, denn Sprache schafft Realität.
> - Geschlechterdurchmischte Teams arbeiten effizienter und gewissenhafter. Wie divers ist Ihr Team?

Literatur

Allbright Stiftung gGmbH (2018): Die Macht der Monokultur: Erst wenigen Börsenunternehmen gelingt Vielfalt in der Führung. Bericht der Allbright Stiftung, September 2018.

Bass, Bernard M. und Ruth Bass (2008): The Bass Handbook of Leadership: Theory, Research and Managerial Applications. New York: Free Press.

Beauvoir, Simone de (2009 [1951]): Das andere Geschlecht. Reinbek bei Hamburg: Rowohlt.

Belica, Cyril (2001): Kookkurrenzdatenbank CCDB. Eine korpuslinguistische Denk- und Experimentierplattform für die Erforschung und theoretische Begründung von systemisch-strukturellen Eigenschaften von Kohäsionsrelationen zwischen den Konstituenten des Sprachgebrauchs. Institut für Deutsche Sprache. Mannheim http://corpora.ids-mannheim.de/ccdb/ (letzter Zugriff: 26.09.19)

bga (2015): Unternehmensnachfolge durch Frauen in Deutschland – Daten und Fakten IV. Faktenblatt der bundesweiten gründerinnenagentur.

Brandt, Michael (2015): Frauen als das neue China. In: Deutschlandfunk Kultur, 15.09.15. https://www.deutschlandfunkkultur.de/diversity-management-bei-daimler-frauen-als-das-neue-china.976.de.html?dram:article_id=331211 (letzter Zugriff: 10.01.20)

Braun, Andreas (2019): Mehr Frauen, bessere Performance. Geschlechtergleichheit bringt Rendite. In: ARD-Börsenblog, 25.11.19. https://boerse.ard.de/anlagestrategie/geldanlage/mehr-frauen-bessere-performance100.html (letzter Zugriff: 10.01.20)

De Paola, Maria; Gioia, Francesca; Scoppa, Vincenzo (2018): Teamwork, Leadership and Gender. IZA DP No. 11861, September 2018.

Dhir, Aaron (2015): Challenging Boardroom Homogeneity: Corporate Law, Governance, and Diversity. New York: Cambridge University Press.

Eagly, Alice H.; Johannesen-Schmidt, Mary C. & van Engen, Marloes L. (2003): Transformational, transactional, and laissez-faire leadership styles: A meta-analysis comparing women and men. In: Psychological Bulletin 129 (4), 569–591.

Eckes, Thomas (2010): Geschlechterstereotype: Von Rollen, Identitäten und Vorurteilen. In: Ruth Becker (Hrsg.): Handbuch Frauen- und Geschlechterforschung: Theorie, Methoden, Empirie. 3. Auflage. Wiesbaden: VS Verlag für Sozialwissenschaft. S. 179.

Endres, Helene (2017): Eine Frage der Technik. In: Harvard Business Manager Spezial. S. 88–95.

Fallon, Nicole (2015): The Strategy That Makes Women Better Leaders. Broderless, 5. Februar 2015. https://www.borderless.net/news/diversityinclusion/the-strategy-that-makes-women-better-leaders/ (letzter Zugriff: 14.11.2019)

FAZ online (2020): Das ist nicht vereinbar mit meiner Rolle als Klima-Aktivistin" In: FAZ online, 12.01.2020. https://www.faz.net/aktuell/wirtschaft/unternehmen/luisa-neubauer-lehnt-job-angebot-von-siemens-ab-16577035.html (letzter Zugriff: 14.01.2020).

Gabler Wirtschaftslexikon (2018): „Leadership". https://wirtschaftslexikon.gabler.de/definition/leadership-54083/version-277137 (letzter Zugriff: 10.01.20)

Gadatsch, Andreas; Krupp, Alfred; Wiesehahn, Andreas (2017): Controlling und Leadership. Konzepte – Erfahrungen – Entwicklungen. Wiesbaden: Springer Gabler.

Hausen, Karin (1976): Die Polarisierung der „Geschlechtscharaktere". Eine Spiegelung der Dissoziation von Erwerbs- und Familienleben. In: Werner

Conze (Hrsg.): Sozialgeschichte der Familie in der Neuzeit Europas. Stuttgart: Neue Forschungen. S. 363–393.

Hentschel, T., Braun, S., Peus, C., & Frey, D. (2018): The communality-bonus effect for male transformational leaders – leadership style, gender, and promotability. In: European Journal of Work and Organizational Psychology, 27, 112–125.

Kimmel, Michael (2015): Angry White Men. Die USA und ihre zornigen Männer. Zürich: Füssli.

Kipling, Rudyard (1919): Rudyard Kipling's Verse: Inclusive Edition, 1885–1918. London: Hodder and Stoughton.

Koenig, A. M.; Eagly, A. H.; Mitchell, A. A. und Ristikari, T. (2011): Are leader stereotypes masculine? A meta-analysis of three research paradigms. In: Psychological Bulletin 137. S. 616–642.

KPMG (2019): Benchmark Familienunternehmen. Eine vergleichende Analyse der Metropolregion Rhein-Neckar und der Region Stuttgart 2019. In Zusammenarbeit mit dem Institut für Mittelstandsforschung der Universität Mannheim.

LexisNexis (2019): Online-Recherche-Tool. Düsseldorf: LexisNexis Deutschland.

Luhmann, Niklas (1997): Die Gesellschaft der Gesellschaft. Frankfurt a. M.: Suhrkamp.

McKinsey & Company (2018): Delivering through Diversity, Januar 2018.

McKinsey Sweden und McKinsey Global Institute (2012): Growth and renewal in the Swedish economy. Development, current situation and priorities for the future.

Miranda, Katharina; Detlefsen, Lena; Schmidt, Ulrich (2019): Can Gender Quotas Prevent Risky Choice Shifts? The Effect of Gender Composition on Group Decisions under Risk. Kieler Arbeitspapiere, 2135. Kiel: Institut für Weltwirtschaft.

Misercola, Mark (2016): Höhere Renditen mit Frauen in Entscheidungspositionen. Zusammenhang zwischen Geschlechtervielfalt und besserem Ergebnis. Credit Suisse, 3.10.16. https://www.credit-suisse.com/about-us-news/de/articles/news-and-expertise/higher-returns-with-women-in-decision-making-positions-201610.html (letzter Zugriff: 14.11.19)

Otten-Pappas, Dominique und Daniela Jäkel-Wurzer (2017): Weibliche Nachfolge – Ausnahme oder Regelfall? Eine Studie zur aktuellen Situation im Generationswechsel deutscher Familienunternehmen. Witten: Wittener Institut für Familienunternehmen.

PAX World Funds (2019): PAX Ellevate. Invest in Women. https://paxworld.com/pax-ellevate/ (letzter Zugriff: 10.01.20)
Peters, Theo (2015): Leadership. Traditionelle und moderne Konzepte. Wiesbaden: Springer Gabler.
Rau, Sabine (2015): „Töchter sind die einfacheren Nachfolger". Christoph Neßhöver im Interview mit Sabine Rau. In: Spiegel Online, 07.08.15. https://www.spiegel.de/karriere/familienunternehmen-schwierige-suche-nach-nachfolgern-a-1040302.html (letzter Zugriff: 14.11.2019)
Regierungskommission Deutscher Corporate Governance Kodex (DCGK) (2020): Deutscher Corporate Governance Kodex. https://www.dcgk.de/de/ (letzter Zugriff: 07.01.20)
Reinhard, M. A.; Stahlberg, D. und Messner, M. (2008): Failure as an asset for high-status persons – Relative group performance and attributed occupational success. In: Journal of Experimental Social Psychology 44. S. 501–518.
Riedel, Hannspeter (2000): Unternehmensnachfolge regeln. Strategien und Checklisten für den erfolgreichen Generationswechsel. Wiesbaden: Gabler.
Riepe, Jan und Philip Yang (2019): Empirical Studies on Gender Diverse Boards: Be Aware of the Value Bias in Corporate Debt. 22. 03.19. Online verfügbar unter https://papers.ssrn.com/sol3/papers.cfm?abstract_id=3329966 (letzter Zugriff: 10.01.20)
Sagner, Franziska: (2017): So, und jetzt zum Geschäftlichen…! Wer verhandelt besser – Frauen oder Männer? In: Gesellschaft für empirische Organisationsforschung, 01.09.17, http://gfeo.de/2017/09/wer-verhandelt-besser-frauen-oder-maenner/ (letzter Zugriff: 10.01.20)
Salwender, Mona und Christiane Schöl (2019): Der Frauen Leid, der Männer Freud: Geschlechtsstereotype im Führungskontext. In: The Inquisitive Mind, Ausgabe 1/2019. https://de.in-mind.org/article/der-frauen-leid-der-maenner-freud-geschlechtsstereotype-im-fuehrungskontext?page=2 (letzter Zugriff: 02.01.20)
Schein, Virginia E.; Mueller, Ruediger; Lituchy, Terri und Jian Liu (1996): Think Manager – Think Male: A Global Phenomenon? In: Journal of Organizational Behavior 17 (1), S. 33–41.
Schulze, Patrick (2009): Balancing Exploitation and Exploration. Organizational Antecedents and Performance Effects of Innovation Strategies. Wiesbaden: Gabler.

Sorgner, Alina; Krieger-Boden, Christiane und Eckhardt Bode (2017): The Effects of Digitalization on Gender Equality in the G20 Economies. Eine Studie des Kieler Instituts für Weltwirtschaft, Mai 2017. Berlin: Women20 Germany.

Sparkasse (2019): Altersvorsorge für Frauen. https://www.sparkasse.de/themen/finanzielle-unabhaengigkeit-frauen/altersvorsorge-fuer-frauen.html. (letzter Zugriff: 2.3.2020)

Statistisches Bundesamt (2018): Anteil der Akademikerinnen bei 30- bis 34-Jährigen doppelt so hoch wie vor einer Generation. Pressemitteilung vom 6.9.2018. https://www.destatis.de/DE/Presse/Pressemitteilungen/2018/09/PD18_332_217.html (letzter Zugriff: 10.01.20)

Wittenberg-Cox, Avivah (2010): How Women Mean Business. A Step by Step Guide to Profiting from Gender Balanced Business. Chichester: Wiley.

Wolf-Doettinchem, Lorenz (2019): „Wir brauchen keine rosa Geldanlage". In: Stern Extra, 19.6.2019.

Zenger, Jack und Joseph Folkman (2012): Are Women Better Leaders than Men? In: Harvard Business Review, 12. März 2012. https://hbr.org/2012/03/a-study-in-leadership-women-do (letzter Zugriff: 14.11.2019)

3

Weibliche Führung: Agilität 2.0

> **Was Sie aus diesem Kapitel mitnehmen**
> - Es gibt wissenschaftlich belegte Faktoren erfolgreicher Führung.
> - Führung gilt als hybrides Konzept zwischen Emotion und Rationalität.
> - Emotionale Agilität ist wesentlicher Bestandteil von Führung der Zukunft.
> - Kooperation setzt sich durch – abseits von klassischen Führungsstilen.
> - Das Geschlecht steht im Spannungsfeld zwischen Biologie und Sozialisierung.

Misstraue deinem Urteil, sobald du darin den Schatten eines persönlichen Motivs entdecken kannst. (Marie von Ebner-Eschenbach)[1]

Gibt es wirklich merkliche Unterschiede, wenn Frauen oder Männer führen? Was macht überhaupt erfolgreiche Führung aus? Letztere Frage stellt sich in Forschung und Praxis immer wieder. Jim Collins

---

[1]Ebner-Eschenbach, Marie von (1893).

untersuchte, was Unternehmen von denen unterschied, deren Aktienwert mindestens 10-mal so hoch war wie jener der Konkurrenz. Er nannte diese besonders erfolgreichen Unternehmen: 10xer (Klein und Wiens 2018). Die 10xer waren allerdings nicht kreativer, visionärer, charismatischer, ehrgeiziger oder risikobereiter, was gemeinhin Eigenschaften sind, die mit erfolgreicher Führung assoziiert werden. Sie unterschieden sich in drei anderen Punkten, was vor allem ihre Führungskräfte in folgenden Bereichen betraf:

- Fokussiertes Bewusstsein: Disziplin und konsistente Handlung nach konkreten Werten, Zielen und Methoden;
- Empirisch gestützte Kreativität: Platzierung sogenannter concentrated bets, um eine auf die Zukunft gerichtete Entscheidung mit minimalem Aufwand zu testen und empirisch zu validieren, um nur bei Erfolg Ressourcen dafür bereitzustellen;
- Situationale Adaptivität: „paranoide" Reflexion und ständige emotionale Auseinandersetzung mit ihrer Umgebung. Die Angst vor Bedrohung verwandelten sie in Produktivität.

Die Technische Hochschule Mittelhessen, die eine Befragung von 10.000 Führungspersonen durchführte, spricht dagegen von fünf Faktoren erfolgreicher Führung (Sames und Diener 2018):

- Aufmerksamkeitssteuerung
- Selbstvertrauen
- vorausschauende Planung
- Selbstdisziplin
- Emotionsmanagement

Bei beiden Studien ist vor allem eine Tatsache auffällig, die auch in der neueren Leadership-Forschung beschrieben wurde (Kap. 2): es findet eine Rehabilitation von Reflexion und Emotion statt. Dies erinnert an Konzepte der Resonanz, die dabei durchaus auch spirituelle Anklänge aus der Achtsamkeit finden (z. B. Klein und Latrache 2018; von Au 2016) und einen tief greifenden Strukturwandel ankündigen, der Mitgefühl und Kooperation als essenzielle menschliche Ressourcen in den Mittelpunkt stellen. Hierin liegt eine ungenutzte Quelle neuer Zusammenarbeit, nachhaltiger Wirtschaftlichkeit und menschenorientierter Zukunftsprägung (Vogel und Forster 2019).[2] Prominente Praxisbeispiele solcher Strömungen finden sich neben dem Softwareriesen Google en masse im Silicon Valley (gepaart mit Technikgläubigkeit) oder hierzulande bei den Unternehmen SAP oder der Hotelkette Upstalsboom, die mittlerweile ihre Führungskräfte in Mindfulness schulen und die Belegschaft ins Kloster zur Weiterbildung entsenden.

Emotionale Agilität als wesentlicher Bestandteil von Führung
Emotionen erwachsen aus den natürlichen Basisgefühlen wie Angst, Wut, Trauer und Freude, die alle Menschen besitzen und bewältigen müssen. Generationen von Mitarbeiter*innen kennen die Wutausbrüche ihrer (männlichen) Vorgesetzten, die ihre Gefühle und emotionalen Altlasten nicht bearbeitet hatten. Dies zeigte sich auch in deren Sprache, z. B. durch Redewendungen wie *auf den Tisch hauen, Ansagen machen, ein Indianer kennt keinen Schmerz* oder *ein starker Mann sein*. Interessant ist dabei, dass der Kontrollverlust emotionaler Art in Richtung Härte gesellschaftlich akzeptiert wurde bzw. wird, jener in Richtung Weichheit allerdings nicht, was Ausdrücke wie *Weichei* oder *Gefühlsheini/-dusel* beweisen.

So muss Führung nicht aussehen. Emotionale (Alt-)Lasten mitzutragen, bedeutet, mentale Arbeit für etwas zu reservieren, was neue Ideen und Verständnis für andere Blickweisen unnötig hemmt. Verständnis für sich und andere muss unabhängig von Geschlecht zur neuen Norm werden. Durch einen produktiven Umgang mit und der Beweglichkeit von Gefühlen wird kognitiver Speicherplatz freigeräumt. Dieses Emotionsmanagement erfordert allerdings ein stetiges hohes Bewusstsein und forschende Präsenz, was nicht das Ergebnis eines kognitiven Aha-Moments innerhalb eines Führungstrainings ist. Die Forderung nach Agilität in Prozessen muss sich daher vor allem um

---

[2]Vgl. hierzu auch den Neologismus Empathyconomics, ein Kunstwort, zusammengesetzt aus den englischen Wörtern Empathy (= Empathie) und Economics (= Wirtschaft) (Vogel und Forster 2019).

emotionale Agilität (Kortz 2018) drehen. Im Schnitt sind es gerade Frauen, die beweglicher und erfolgreicher darin, ihre Gefühle so einzusetzen, dass sie sich produktiv auswirken.

Die ständige emotionale Auseinandersetzung mit der Umgebung beinhaltet natürlicherweise auch negative Gefühle wie Angst oder Wut. Die Angst vor Bedrohung kann jedoch beispielsweise sehr effektiv genutzt werden, wenn sie entsprechend reflektiert und kanalisiert wird. Denn: Angst bringt Neues hervor. Durch gezieltes Emotionsmanagement kann sie in Produktivität verwandelt werden und Innovationen zutage fördern. Wird sie zugelassen und ernstgenommen, wird sie zur Treiberin, Neuland zu betreten. Angst erzeugt im besten Fall Bewegung (z. B. eine Unternehmensgründung oder eine Produkterweiterung). Wut ist ebenfalls eine Emotion, die, wenn sie entsprechend bearbeitet wird, sehr produktiv sein kann. Sie führt dazu, Fehler offen anzusprechen oder Spannungen im Team durch offenen, kraftvollen Dialog zu lösen. Der Neurobiologe und Psychologe Joachim Bauer von der Universität Freiburg spricht in diesem Zusammenhang von „gesunder" Aggression (Bauer 2011). Dass Wut klären und auch tabuisierte Themen zutage fördern kann, haben die #metoo-Bewegung oder #Fridays for Future flächendeckend sichtbar gemacht.

Führung ohne Fühlen wird in digitalen Gesellschaften zum Auslaufmodell, hinter dem sich Führungskräfte in einer patriarchalisch geprägten Welt allzu lange versteckt haben. „Gute Führung kennt kein Ego", schreibt auch Jones Kortz (2018). Es spricht viel dafür, dass die erfolgreichen Führungspersonen der Zukunft geübt sein müssen im Führen der eigenen Gefühle, um mehr Zeit für freies und kreatives Denken innerhalb komplexer und disruptiver Arbeitssysteme zu haben. Unabhängig vom Geschlecht werden sich Führungsqualität und zugeschriebene Autorität an Führungskräfte nicht mehr aus einem erworbenen Status heraus ableiten lassen, sondern vielmehr aus der emotionalen Agilität der Führungskraft heraus interpretiert werden.

Kooperation setzt sich durch
Das Sozialforschungsinstitut der Universität Stockholm befragte rund 5500 Mitglieder der Gewerkschaft Ledarna nach ihren Prioritäten.

In der Studie wurden neun Führungseigenschaften genannt und Geschlechtern zugeordnet. Als typisch „männlich" galten danach autoritär, selbstsicher und kämpferisch. Kompetent, mutig und ergebnisorientiert liefen unter dem Label „neutral", typisch „weiblich" waren flexibel, umsichtig und teamfähig. Diese Zuschreibungen wurden bereits in den vorigen Kapiteln behandelt. Wesentlich wichtiger waren jedoch insgesamt die Führungseigenschaften Kompetenz und Kooperationswilligkeit, die flächendeckend genannt wurden (Schmiester 2019).

Diese Beschreibungen treffen am ehesten auf den sogenannten „kooperativen Führungsstil" zu, wobei ein Führungsstil die Grundeinstellung einer Führungskraft gegenüber den Mitarbeiter*innen zum Ausdruck bringen soll. Das Stil-Konzept wird bereits seit den 2000ern aufgrund seiner Konstruktionshaftigkeit kritisiert (Prentice 2004), denn Stile sind meist statistisch aus dem Verhalten vieler, unnachahmlicher individueller Verhaltensweisen zu einem unrealistisch einheitlichen Stil verdichtet.[3] Neuere Überlegungen sprechen daher weniger vom kooperativen (oder demokratischen) Führungsstil, sondern eher von der situativen Führung *(Situational Leadership)* als flexiblem Derivat, da die optimale Führung von der jeweiligen Situation abhängt, gepaart mit Selbstorganisation und emotionaler Agilität.[4] Gerade bei diesen Soft Skills haben männliche Führungskräfte großen Nachholbedarf (Salwender und Schöl 2019).

Was erfolgreiches Führen jedoch definitiv verhindert – egal bei welchem Geschlecht – sind fehlende persönliche Integrität, Entscheidungsschwäche, mangelnde Kommunikation, keine klare Prioritätensetzung sowie eine allzu große Machtdistanz zum Team. Die Entwicklung hin zu mehr Komplexität von Organisationen und ihrer

---

[3]Zur inhaltlichen Kritik zählt die Vernachlässigung der Situation und des „Reifegrades" der geführten Mitarbeiter*innen, was später in den Kontingenztheorien des Führens berücksichtigt wurde. Als problematisch gelten auch die Vernachlässigung von Aspekten wie Macht, Erfüllung der Vorbildfunktion, der persönlichen Beziehung, der Unternehmenskultur oder der Motivation (Menkes 2005).
[4]Vgl. hierzu das „Full Range of Leadership Model" (FRLM) (Furtner und Baldegger 2013) sowie neuere Experimente mit Holokratie und anderen Organisationsformen.

Umwelt (Stichwort VUCA[5]) lässt soziale Hierarchien nach und nach aufbrechen, bedingt und erfordert eine höhere Durchlaufgeschwindigkeit von Informationen, da nicht mehr ein einzelner Mensch an der Spitze alle Informationen zur Entscheidungsfindung besitzt. Diese soziotechnologischen Veränderungen brauchen partizipative Führungsfähigkeiten und die, besonders von Frauen, früh gelernte Fähigkeit, kooperativ Entscheidungen herbeizuführen. Damit gibt es neben Digitalisierung, Demografie und Emanzipation noch einen weiteren Begründungsstrang für die Notwendigkeit von Female Leadership als neue Art von Führung: Verarbeitung von Komplexität. Führungskräfte sollten endlich vor allem wegen ihrer kooperativen Kompetenz eingestellt werden, was in der Praxis regelmäßig unterlaufen wird (Salwender und Schöl 2019).

Exkurs: Nature und Nurture oder das „Henne-Ei-Problem"
Beim Thema Female Leadership kommt es wiederholt zur Thematisierung der Frage: Gibt es tatsächlich biologische Geschlechtsunterschiede, die sich möglicherweise auf Führungsfähigkeiten und Machtausübung auswirken, oder sind die wahrgenommenen Differenzen die Folge menschlich-kultureller Sozialisation? Es gibt keine eigene Wissenschaft die sich hiermit beschäftigt, sondern vielmehr eine interdisziplinäre Ansammlung aus biologischen, kulturellen, sozialen und ökonomischen Bedingungen, anhand derer geschlechtstypisches Verhalten erforscht wird. Grob einteilbar sind die unterschiedlichen Perspektiven auf diesen Diskurs in Ansätze, die natürliches Verhalten (Nature) und solche, die erlerntes Verhalten (Nurture) fokussieren.

Zum Nature-Ansatz forschen vor allem die Biologie, Neurowissenschaften und die biologische Psychologie: Ihre Hauptthese besagt, dass unterschiedliche Verstoffwechselungen verschiedener chemischer Substanzen (Serotonin, Testosteron, Östrogen, Oxytocin) im menschlichen Körper zu unterschiedlichen Verhaltensausprägungen führten.

---

[5]VUCA steht als vermeintliches Glossar zukünftiger Herausforderungen für Volatility, Uncertainty, Complexity und Ambiguity (Flüchtigkeit, Ungewissheit, Komplexität und Mehrdeutigkeit) (Gläser 2018).

Testosteron etwa stehe in Zusammenhang mit Aggression, aber auch mit Selbstsicherheit. Männer scheinen daher möglicherweise im Vorteil, wenn es darum geht, sich durchzusetzen (Cuddy et al 2004). Da Frauen mehr vom Hormon Oxytocin besitzen, was auch gemeinhin als „Kuschel-Hormon" (Kosfeld et al. 2005) bezeichnet wird, interessiere sie das Wohlergehen ihrer Mitarbeitenden von Natur aus mehr, was sich demnach auch auf ihre Führung auswirkt.[6] Weitere geschlechterspezifische Unterschiede betreffen die Gehirnstruktur. Frauen verfügten über ein verbales Zentrum auf beiden Seiten des Gehirns und damit über stärkere sprachliche Fähigkeiten (Goldman 2017; Jantz 2014). Sie seien im Schnitt besser in der Kopplung beider Hemisphären (z. B. intuitives Denken), Männer in der Verarbeitung auf der rechten oder linken Hemisphäre (z. B. zeit-räumliche Informationen).[7]

Dem Bereich Nurture widmen sich besonders die Sozialpsychologie, die Soziologie, die Ethnologie sowie die Linguistik. Hierbei durchzieht seit den 80er Jahren die Gender Theory als Meta-Theorie den Wissenschaftsmarkt und durchzieht diverse geistes- und sozialwissenschaftliche Disziplinen. Ihre Hauptthese besagt, dass Menschen immer Teil eines sozialen Systems seien und durch frühe Interaktionen mit Vorbildern (Eltern, Erziehenden, Peers) ein Verhalten erlernten, um ihre Geschlechterzugehörigkeit bzw. Geschlechterrolle (Gender) auszudrücken. Die Begründerin der Theorie, Judith Butler, begreift Gender als Norm, als den „Mechanismus, durch den Vorstellungen von Männlichkeit und Weiblichkeit produziert und naturalisiert werden" (Butler 2011).[8] Es wird überwiegend davon ausgegangen, dass Kinder

---

[6]Bereits bei Kindern im Alter von 9 bis 17 Monaten (in diesem Alter liegt noch keine geschlechterspezifische Sozialisierung vor) zeigen sich in manchen Studien bei Menschen und bei Verwandten in der Tierwelt Unterschiede: Ebenso wie menschliche Mädchen spielten weibliche Rhesus-Affen lieber mit Plüschtieren, während die männlichen Affen und Menschen Spielzeuge mit Rädern bevorzugten (Goldman 2017).

[7]Es gibt diesbezüglich auch Hinweise darauf, dass Männer sich stark auf eine Sache konzentrieren und die Umgebung dabei ausblenden können (gewissermaßen „im Tunnel" sind), während Frauen eine bessere Adaptionsfähigkeit bezüglich ihrer Umwelt aufweisen (Jantz 2014).

[8]Die drei zentralen Ansätze der Gendertheorie sind: Gleichheit, Differenz und Dekonstruktion (Kaup 2015). Nach der Gleichheitstheorie sind Frauen und Männer, unabhängig vom biologischen Geschlecht, gleich. Frauen, die bisher nicht in die männliche Sphäre vordringen

geschlechtstypisches Verhalten durch das Beobachten von Elternteilen, Lehrpersonen, Gleichaltrigen, als auch literarischen oder medialen Figuren erlernten. Jungen und Mädchen würden schon im Kleinkindalter für Verhaltensweisen, die ihrem Geschlecht angemessen scheinen, bekräftigt oder gerügt, und prägten damit gewisses erwartungsorientiertes Verhalten. Geschlechterrollenspezifische Erwartungshaltungen zeigten sich beispielsweise in Kleidung (Mädchen tragen rosa, Jungen hellblau), Büchern oder Spielen, wobei durch Fußball, welches als „männliches" Spiel angesehen wird, Konkurrenz in der Großgruppe bestärkt wird, während im „weiblichen" Puppenhaus Kooperation in der Kleingruppe geübt wird (Kasten 2006). Bis ins Erwachsenenalter werden unterschiedliche Geschlechterrollen erlernt und imitiert, sodass Jungen schon im Kindesalter spielerisch Machtpositionen, wie Fußballkapitän einnehmen, und Mädchen diese später weniger intuitiv erleben, ebenso wie die Ablehnung gewisser „unweiblicher" Studienfächer (z. B. MINT).[9] Dagegen nutzen sie später selbstverständlicher Formen der kooperativen Führung.

Wir stehen bei dieser Diskussion um Nature vs. Nurture allerdings vor einem Henne-Ei-Problem: Biologistische Erklärungen scheitern

---

konnten, müssten eine Anpassung an deren Werte und Normen vornehmen. Die Differenztheorie besagt, dass Unterschiede biologisch, aber auch durch Sozialisation geformt seien. Das biologische Geschlecht determiniere damit das Gender und mache letzteres überflüssig. In dieser Schule werden die positiven Merkmale von Weiblichkeit herausgestellt und als Motor sozialer Transformation gesehen (Frey 2003). Die Dekonstruktionstheorie ist aus der Kritik der beiden ersteren hervorgegangen und betont die Heterogenität von Frauen(-subgruppen). Außerdem werden weibliche Merkmale nicht als soziale Transformation angesehen, da dies vor dem Hintergrund eines androzentrischen (von Männern gemachten) Weltbildes geschehe.

[9]Ein beliebtes Beispiel für die Macht der Geschlechterrollen (stereotype threat) sind Testleistungen in Mathematik. Frauen und Männer schnitten in etwa gleich gut ab, wenn Geschlecht im Rahmen der Untersuchung nicht thematisiert wurde. Wurde ihnen allerdings im Vorfeld gesagt, dass es in der Vergangenheit geschlechterspezifische Unterschiede im Bezug auf die Testergebnisse gab oder ein Stereotyp („Frauen sind schlecht in Mathematik") aktiviert wurde, brachten Frauen eindeutig stereotypkonsistent schlechtere Leistungen als Männer (Lippa 2002). Eine amerikanische Studie (Kempter 2017) fand heraus, dass Mädchen bereits im Alter von sechs Jahren ihr eigenes Geschlecht als weniger intelligent als Jungen empfanden. Als den Kindern vorgeschlagen wurde, ein Spiel zu spielen, das für Kluge sei, die wirklich schlau wären, zeigten die Mädchen bei weitem weniger Interesse als die Jungen. Amerikanische Eltern suchen bei Google doppelt so oft „Ist mein Sohn ein Genie?" wie „Ist meine Tochter ein Genie?".

an Tatsachen, dass sich Frauen und Männer – trotz Hormonen und Geschlechtsorganen – in unterschiedlichen Kulturen anders verhalten. Geschlechterrollen leiten sich nicht primär aus biologischen Tatsachen (Körperdifferenzen) ab, sondern sind historisch, kulturell und sozial gewachsen. Die soziologischen Beschreibungen sagen wenig über das eigentliche Wesen von Männern und Frauen aus, sondern nur, dass beide ihr Verhalten dem erwarteten Rollenbild anpassen. Geschlecht ist hier nur ein guter Prädiktor für Verhaltenseigenschaften. Selbst, wenn biologische Unterschiede existieren, werden diese durch Erziehung, das Heranwachsen mit Peers und das Imitieren von Geschlechterrollenvorbildern, verstärkt. Anschaulich wird dies beim Case „Einparken": Biologisch gesehen, wirkt das Testosteron im männlichen Gehirn auf eine gute räumliche Vorstellungskraft ein, sodass hier angelegte Prädispositionen bei Männern bestehen. Allerdings bekommt ein heranwachsender Mann in den meisten Fällen mehr Möglichkeiten, das Einparken zu lernen, indem er aufgrund bestehender Vorurteile („Frauen können schlecht einparken") wahrscheinlich in mehr Einparksituationen gerät. Neuronale Systeme, welche die Handlung „Einparken" immer wieder aufgerufen haben (Schaltbewegungen des Autos, Abschätzung der Distanz etc.), verfestigen sich fortwährend und weisen den Weg zum geübten Einparker. In gewisser Weise greift hier auch das Prinzip der selbsterfüllenden Prophezeiung (self-fulfilling prophecy), da die Vorhersage, an die geglaubt wird, durch eine positive Rückkopplung zwischen Erwartung und Verhalten, ihre Erfüllung selbst bewirkt (Aronson et al. 2008).

Biologische und anerzogene (gewordene) Strukturen lassen sich demnach im Erwachsenenalter, in denen die meisten Menschen in eine Führungssituation geraten, also nicht mehr trennscharf voneinander abgrenzen. Die Entwicklung eines Habitus als Mann oder Frau ist kein passiver, sondern ein aktiver wechselseitiger Interdependenzprozess. Menschen sind freie Subjekte, die sich bis zu einem gewissen Grad durch Aktivität selbst entwerfen, doch gewissen kulturellen und biologischen Bedingungen ausgesetzt sind. Darüber hinaus wachsen Zweifel am binär verstandenen Konzept „Geschlecht", das nur zwischen Frauen und Männern unterscheidet. Die LGBT-Bewegung sowie der

Übergang zur sprachlichen Markierung von Genderneutralität (*, _) weisen uns dabei den Weg.
Während die bisherigen Kapitel der Definition und Reflexion von Female Leadership und Führung per se gedient haben, beziehen sich die folgenden auf den aktuellen Status-Quo von Female Leadership in ausgewählten Domänen: Wirtschaft, Wissenschaft und Politik. Sie dienen gleichsam als empirischer Beweis der in den ersten Kapiteln aufgestellten Thesen sowie als Anamnese für die diagnostizierten Maßnahmen am Ende des Buches.

Ihr Transfer in die Praxis

- Führungspersonen der Zukunft müssen ihre eigenen Gefühle besser führen, um mehr Zeit für freies und kreatives Denken innerhalb komplexer und disruptiver Arbeitssysteme zu haben.
- Gute Führung kennt kein Ego – wie sehr gehen Sie auf die Bedürfnisse Ihrer Mitarbeiter*innen ein?
- Weiblichkeit und Männlichkeit als binäre Pole brechen immer mehr auf und ermöglichen Diversität den Einzug. Die LGBT-Bewegung sowie der Übergang zur sprachlichen Markierung von Genderneutralität (*, _) weisen uns dabei den Weg.

Literatur

Aronson, Elliot; Wilson, Timothy und Robin Akert (2008): Sozialpsychologie. 6. Auflage. Hallbergmoos: Pearson.
Au, Corinna von (Hrsg.) (2016): Wirksame und nachhaltige Führungsansätze. System, Beziehung, Haltung und Individualität. Wiesbaden: Springer.
Bauer, Joachim (2011): Schmerzgrenze. Vom Ursprung alltäglicher und globaler Gewalt. München: Karl Blessing.
Butler, Judith (2011 [1989]): Gender-Regulierungen. In: Die Macht der Geschlechternormen und die Grenzen des Menschlichen. Frankfurt a. M.: Suhrkamp.
Cuddy, A. J. C.; Fiske, S. T.; und P. Glick (2004): When Professionals Become Mothers, Warmth Doesn't Cut the Ice. In: Journal of Social Issues, 60(4). S. 701–718.

Ebner-Eschenbach, Marie von (1893): Gesammelte Schriften: Aphorismen, Parabeln, Märchen und Gedichte. Verlag Paetel.
Frey, Regina (2003): Gender im Mainstreaming. Geschlechtertheorie und -praxis im internationalen Diskurs. Königstein/Ts.: Helmer.
Furtner, Marco und Urs Baldegger (2013): Self-Leadership und Führung. Theorien, Modelle und praktische Umsetzung. Wiesbaden: Springer-Gabler.
Gläser, Waltraud (2018): VUCA-Welt. https://www.vuca-welt.de/ (letzter Zugriff: 02.01.20)
Goldman, Bruce (2017): Two minds. The cognitive differences between men and women. In: Stanford Medicine, Spring 2017. https://stanmed.stanford.edu/2017spring/how-mens-and-womens-brains-are-different.html (letzter Zugriff: 14.11.19)
Jantz, Gregory L. (2014): Brain Differences Between Genders. Psychology Today. 27.02.2014. https://www.psychologytoday.com/us/blog/hope-relationships/201402/brain-differences-between-genders (letzter Zugriff: 10.01.20)
Kasten, H. (2006): Geschlechtsunterschiede. In D. H. Rost (Hrsg.): Handwörterbuch pädagogische Psychologie (3., überarb. und erw. Aufl.). Weinheim: Beltz PVU. S. 212–218.
Kaup, Julia (2015): Die Unterrepräsentanz von Frauen in Führungspositionen. Eine Ursachenanalyse. Wiesbaden: Springer Gabler.
Kempter, Victoria (2017): Warum schon kleine Mädchen denken, nicht schlau zu sein. Edition F, 31.01.17. https://editionf.com/diese-studie-zeigt-weswegen-schon-kleine-maedchen-denken-nicht-schlau-genug-zu-sein/ (letzter Zugriff: 14.11.19)
Klein, Sebastian und Mounira Latrache (2018): Compassionate Leadership – mit Achtsamkeit und emotionaler Intelligenz die Teams der Zukunft führen. In: Neue Narrative 3.
Klein, Sebastian und Martin Wiens (2018): Die Zeit der Held*innen ist vorbei. Neue Narrative 3, S. 8–13.
Kortz, Jonas (2018): Führungskräfte der Zukunft brauchen emotionale Agilität. In: Neue Narrative. Das Magazin für neues Arbeiten 3. S. 44–47.
Kosfeld, Michael; Heinrichs, Markus; Zak, Paul et al. (2005): Oxytocin increases trust in humans. In: Nature 435. S. 673–676.
Lippa, Richard. A. (2002): Gender, Nature, and Nurture. Mahwah (NJ): Erlbaum.
Menkes, Justin (2005): Executive Intelligence: What All Great Leaders Have. New York: HarperCollins.

Prentice, W. C. H. (2004): Understanding Leadership. In: Harvard Business Review 1/2004.

Salwender, Mona und Christiane Schöl (2019): Der Frauen Leid, der Männer Freud: Geschlechtsstereotype im Führungskontext. In: The Inquisitive Mind, Ausgabe 1/2019. https://de.in-mind.org/article/der-frauen-leid-der-maenner-freud-geschlechtsstereotype-im-fuehrungskontext?page=2 (letzter Zugriff: 02.01.20)

Sames, Gerrit und Arthur Diener (2018): Stand der Digitalisierung von Geschäftsprozessen zu Industrie 4.0 im Mittelstand – Ergebnisse einer Umfrage bei Unternehmen. THM-Hochschulschriften 9. Gießen: Technische Hochschule Mittelhessen.

Schmiester, Carsten (2019): Schwedische Studie: „Frauen sind die besseren Chefs". In: Tagesschau, 28.11.19. https://www.tagesschau.de/wirtschaft/chefstudie-schweden-101.html (letzter Zugriff: 10.01.20)

Vogel, Melanie und Nadja Forster (2019): Empathyconomics®. Wirtschaft in Kohärenz. Bonn: VogelPerspektive GmbH.

4

Female Leadership in verschiedenen Domänen

> **Was Sie aus diesem Kapitel mitnehmen**
> - Die deutsche Wirtschaft ist enorm rückständig in Geschlechterfragen – der Thomas-Kreislauf wurde 2019 erstmals durchbrochen.
> - Es braucht Frauenquoten, Frauenfreundlichkeit & Frauen-Indizes.
> - Solo-Unternehmerinnen, männliche Start-ups und wenig weibliches Venture-Capital sind bisher die Norm.
> - Die elitäre Wissenschaftskultur reproduziert den Gender Bias und verliert Frauchen nach der Promotion.
> - Frauen in deutscher Politik machen die Arbeit, aber nicht die Ämter.

Menschliches Leben und Arbeiten spielt sich immer in verschiedenen Systemen mit dazugehörigen kulturellen (Macht-)Regeln und Vorgaben ab. In diesem Kapitel wird Female Leadership daher in drei gesellschaftlich relevanten Macht- und Wissensdomänen beleuchtet: Wirtschaft, Wissenschaft und Politik. Das Kapitel Wirtschaft wird dabei aufgrund seiner großen gesellschaftlichen Signalwirkung aufgeteilt in Female Corporate und Female Entrepreneurship, gefolgt von Female Science und Female Politics.

4.1 Female Corporate

In fast allen Entscheidungspositionen sind Frauen in Europa unterrepräsentiert – und das, obwohl im europäischen Raum mehr Frauen als Männer leben (…). Lettland hat mit 46 % den größten Frauenanteil in Management-Positionen.[1]

Schon in den 70er und 80er Jahren eilte Ellen Schneider-Lenné die Hierarchien der Deutschen Bank hinauf, verstarb aber vor ihrem Triumph mit nur 54 Jahren. Viele Unternehmen haben es bis heute versäumt, einen Pool an weiblichen Talenten aufzubauen, aus dem sie Frauen für Vorstandsposten hätten rekrutieren können. Stattdessen beklagen sie sich, dass es keine qualifizierten Frauen gäbe, rekrutieren Männer oder holen sich in ihrer Not Frauen von außerhalb. Dabei haben es Quereinsteiger*innen erwiesenermaßen schwerer als Manager*innen, die im eigenen Unternehmen aufsteigen. Wer von außen kommt, hat – egal ob Mann oder Frau – ein höheres Risiko zu scheitern, wie eine Untersuchung der Initiative FidAR (Initiative Frauen in die Aufsichtsräte) zeigt, da kulturelle Besonderheiten Externen unbekannt sind. Einer Studie von 2014 zufolge halten sich männliche DAX-Vorstände im Schnitt dennoch fast dreimal so lange auf ihren Posten wie DAX-Vorständinnen (Bund et al. 2019).

Der Frauenanteil in den Vorständen der 160 deutschen Börsenunternehmen liegt derzeit gerade einmal bei 9 % – so wenig, wie in kaum einem anderen westlichen Industrieland. Bis 2019 gab es keine weibliche Vorstandsvorsitzende im DAX-30. Erst im Oktober 2019 etablierte der Softwarekonzern SAP dem überraschenden Rücktritt von Bill McDermott eine Doppelspitze mit Jennifer Morgan und Christian Klein. In Jennifer Morgans Heimat, den USA, werden Konzerne längst von Frauen geführt, etwa General Motors oder IBM. In Deutschland hingegen wurde der Morgan'sche Aufstieg frenetisch gefeiert, was die deutsche Rückständigkeit in der Gleichstellungscausa nochmals untermauert. Deutschland befindet sich damit in etwa auf Augenhöhe

---

[1]Steinlein (2019).

mit der Türkei und Indien, die beide auf rund 10 % Frauen in den Top-Firmen kommen. „Schlusslicht Deutschland" titelt daher auch die Allbright-Stiftung (2019), die regelmäßig den Frauenanteil in den DAX-30-Unternehmen mit den ebenfalls 30 größten Konzernen anderer Länder vergleicht.

Die Frage dreht sich dabei nicht nur um Ausnahmefrauen im Top-Management, sondern auch um den gesamten Mittelbau, die Nachwuchs-Pipeline sowie den wirtschaftlichen Motor Deutschlands, den Mittelstand: Bei nur 15 % der mittelständischen Unternehmen steht eine Frau an der Spitze, wie eine aktuelle Auswertung von KfW Research zeigt (Schwartz 2018). Neben den weiblichen Namen fehlen übrigens auch ausländische Vornamen, sodass Diversität innerhalb der deutschen Wirtschaft nicht vorhanden ist (Werner 2019). Eine Analyse der Vornamen von Geschäftsführerinnen und Geschäftsführern innerhalb des deutschen Handelsregisters offenbarte, dass erst auf Rang 61 ein weiblicher Vorname auftaucht: Die meisten Geschäftsführerinnen in Deutschland heißen Katja. Auf den 60 Plätzen zuvor finden sich sonst nur deutsche männliche Vornamen.

Thomas-Kreislauf erstmals durchbrochen
In Deutschland war der Anteil der Männer mit den vier häufigsten Vornamen in Unternehmen – nämlich Stefan, Markus, Michael und Thomas – bis vor kurzem noch höher als der Frauenanteil im Vorstand per se. Die neueste Allbright-Studie hat dies korrigiert, denn erstmals übertrifft die Frauenanzahl den sogenannten „Thomas-Kreislauf" (Allbright Bericht 2019).[2] 2019 war bislang das erfolgreichste Jahr aus Frauensicht, denn Frauen haben die Top-Etagen des Managements erobert und die aktuellen Diskussionen geprägt wie nie zuvor

---

[2]Die Albright Stiftung führt neben dem „Thomas-Kreislauf" in ihrer grauen, schwarzen und doppelschwarzen Liste Firmen auf, die weder Frauen als CEO, im Vorstand, noch im Aufsichtsrat haben. 58 Firmen der 160 deutschen Börsenunternehmen setzen weiterhin auf eine 0 %-Quote bei Frauen im Vorstand, unter ihnen Konzerne wie HeidelbergCement, K+S oder Südzucker, aber auch junge Firmen wie Zalando, Rocket Internet oder Xing (Allbright 2019). 2019 erfüllten erstmals drei börsennotierte Unternehmen von 160 (weiße Liste) einen Frauenanteil von mindestens 40 % im Vorstand, z. B. die Kion Group im MDAX.

(Kewes 2019). Im November 2019 holte der Gesundheitskonzern Fresenius Medical Care mit Helen Giza die zweite Frau in den Vorstand und führt die DAX-Unternehmen damit mit 29 % Frauen im Vorstand an. 25 % erreichen die Konzerne Covestro, Daimler, Siemens, SAP, Vonovia und Wirecard. Bei einer konsequenten Besetzung mit Frauen könnte ein ausgeglichenes Geschlechterverhältnis im Vorstand zügig erreicht werden: Würden ebenso viele Frauen wie Männer rekrutiert, wäre das Ziel von 40 % Frauen im Vorstand bereits 2023 erreicht (Allbright 2019). Dass sich diese ungleichmäßige Verteilung von Frauen und Männern auf verschiedenen hierarchischen Ebenen als vertikale Segregation des Arbeitsmarktes nicht nur in gewinnorientierten Unternehmen finden lässt, verwundert nicht. Eine Zusammenschau von Studien legt dar, dass die Macht tatsächlich auch bei Non-Profit-Organisationen (NPO) in Deutschland ebenso wie in der Schweiz bei höheren und höchsten Führungspositionen dominant in der Hand von Männern liegt. Dieser Effekt ist mit wachsender Größe der Organisation und ihrer Wirtschaftsnähe noch gravierender (Weibler 2017).[3] Auch an nationalen Gerichtshöfen ist nur ein Viertel der Richter*innen weiblich. Den Chef*innenposten einer Zentralbank ist in Russland, Zypern, Nordmazedonien und Serbien weiblich besetzt. Seit dem 1. November 2019 ist die Französin Christine Lagarde Präsidentin der Europäischen Zentralbank (EZB) (Steinlein 2019).

Frauenquote und Frauenfreundlichkeit
Das Gesetz zur gleichberechtigten Teilhabe von Frauen und Männern in Führungspositionen in der Privatwirtschaft und im öffentlichen Dienst ist am 1. Januar 2016 in Kraft getreten.[4] Es sieht eine Quote von 30 %

---

[3]Die Überblicksstudie von Jürgen Weibler zum Thema Frauen im Management (2016) untersucht drei Teilgebiete: Start-ups, Non-Profit-Organisationen und Mensch-Maschinen-Interaktion.

[4]Zudem gilt das Brückenteilzeitgesetz seit 2019 und ermöglicht die zeitlich befristete Teilzeitarbeit mit einem Rückkehrrecht in die vorherige Arbeitszeit (Brückenteilzeit 2019). Das Entgelttransparenzgesetz dient seit 2017 der Transparenz von Entgeltstrukturen und soll vor allem Frauen dabei unterstützen, ihren Anspruch auf gleiches Entgelt bei gleicher oder gleichwertiger Arbeit besser durchzusetzen. Es sieht einen individuellen Auskunftsanspruch für Beschäftige, die Aufforderung von Arbeitgeber*innen zur Durchführung betrieblicher Prüfverfahren sowie eine Berichtspflicht zu Gleichstellung und Entgeltgleichheit vor (Entgelttransparenzgesetz 2018).

Frauen in Aufsichtsräten von 100 börsennotierten und paritätisch mitbestimmten Unternehmen vor und verpflichtet solche mit mehr als 500 Beschäftigten, verbindliche Zielgrößen zur Erhöhung des Frauenanteils in Vorstand und Management festzulegen. 32 % Frauen sitzen dadurch nun in DAX-Aufsichtsräten (Allbright 2019). Damit hat rund jedes fünfte Börsenunternehmen ein ausgeglichenes Geschlechterverhältnis im Aufsichtsrat. SAPs Aufsichtsrat ist mit je 9 Frauen und Männern paritätisch besetzt und ein Leuchtturm der Übererfüllung der gesetzlichen Quote. Als weiteres positives Beispiel gilt Wirecard mit ebenfalls 50 % Frauen im Aufsichtsrat, das Schlusslicht bildet Linde mit 17 % Frauen (FidAR 2019a, b). Nicht zu vergessen ist dabei allerdings die Unverhältnismäßigkeit – wenn 30 % von 100 Gremien, die jeweils nur zwischen 3–21 Mitglieder haben, weiblich sind, ist dies, auf eine gesamtgesellschaftliche Bevölkerungszahl von mehr als 80 Mio. Menschen in Deutschland gerechnet, ein desaströses Ergebnis.

Die Auswirkungen der Quote werden derweil kontrovers diskutiert: 2018 waren 26 % der Führungskräfte der obersten Leitungsebene in der Privatwirtschaft Frauen. Auf der zweiten Führungsebene lag ihr Anteil bei 40 %. Beide Werte haben sich, verglichen mit 2016, nicht verändert, wie das Institut für Arbeitsmarkt- und Berufsforschung (IAB) bei einer repräsentativen Befragung von 16.000 Betrieben feststellte, sodass die Quotenregelung nicht auf die operativen Führungsebenen ausstrahlt. Frauen sind selbst dann in Gremien unterrepräsentiert, wenn sie das Mehrheitsgeschlecht in der Belegschaft stellen (Baumann et al. 2017).

Was muss passieren, damit Unternehmen aus eigenem Interesse eine diverse Unternehmensführung anstreben? Share- und Stakeholder Value, die Unternehmen in einer kapitalistischen Wirtschaftsordnung maximieren wollen, sinken mit mangelnder Vielfalt, wie in Kap. 2 gezeigt wurde. Die Interessen eines Unternehmens werden daher durch Uniformität bedroht. Der Women-on-Board-Index zeigt deutlich, dass leider nur gesetzlicher Druck zu messbaren Veränderungen führt. Es braucht möglicherweise mehr fixe Quoten mit halbjährlicher Berichterstattung und eine bonusrelevante Einstellungs-/Beförderungspolitik von Frauen. Politische Sanktionen sind zudem vonnöten, wenn

Tab. 4.1 Die FidAR-Indizes im Überblick

WOB 185	Umfasst die 160 im DAX, MDAX und SDAX sowie die 25 im regulierten Markt notierten Unternehmen
WOB 160	Alle DAX-Unternehmen
Public WOB	415 öffentliche Unternehmen
WOB 100	Alle börsennotierten und paritätisch mitbestimmte Unternehmen

Vorgaben nicht eingehalten werden.[5] Jüngst hat die Investorin und Aufsichtsratsvorsitzende von Zalando, die Schwedin Cristina Stenbeck, eine harte Quote durchgesetzt: Bis 2023 soll Zalando 40 % Frauen in Aufsichtsrat und Vorstand auf jeder der sechs obersten Managementebenen haben (Michler 2019). Erfreulicherweise wird auch in den Niederlanden derzeit eine verbindliche Frauenquote in den Führungsetagen großer Unternehmen diskutiert, die bis 2021 implementiert werden soll (Focus 2019).

Exkurs: Women-on-Board-Index (WOB) & European-Women-on-Boards-Index (EWoB)
Der Women-on-Board-Index (WOB) des Vereins FidAR (Frauen in die Aufsichtsräte) misst seit 2010 den Fortschritt beim Frauenanteil in den Spitzenpositionen der deutschen Wirtschaft mit den verschiedenen Indizes WOB 185, WOB 160, Public WOB und WOB 100 (vgl. Tab. 4.1).

Die FidAR-Studie zum vorliegenden dritten Women-on-Board-Index 185 untersucht die 160 DAX-, MDAX- und SDAX-Unternehmen sowie die aktuell 25 börsennotierten und voll mitbestimmten, im regulierten Markt notierten Unternehmen (Stand: 30.04.2019). Sie zeigt, dass die Frauenquote bislang leider nur bedingt wirkt (vgl. Tab. 4.2).

Die Initiative European Women on Boards (EWoB) listet seit 2011 in ihrem Gender Diversity Index den Anteil weiblicher Führungskräfte

---

[5]Eine Reihe von bisher nichtgesetzlichen Maßnahmen sollen zu einer Erhöhung des Frauenanteils im Deutschen Bundestag beitragen (Deutscher Bundestag 2019).

Tab. 4.2 Frauenanteil in Vorständen und Aufsichtsräten im Jahr 2019 nach dem WOB185

	Frauenanteil in den Vorständen (%)	Frauenanteil in Aufsichtsräten (%)
105 (börsennotiert und voll mitbestimmt)	10	34
80 (nicht voll mitbestimmt)	9	22
Gesamt	9	31

in den Verwaltungsräten in Europa. Die Erhebung erfasst hierbei die größten 600 börsennotierten europäischen Unternehmen, basierend auf dem STOXX-600-Index. Die Auswertung legt offen, dass die Präsenz von Frauen in Führungspositionen innerhalb von fünf Jahren von durchschnittlich 14 % auf 25 % gestiegen ist, insbesondere, dass Frauen ihre Präsenz als unabhängige, nicht-geschäftsführende Direktoren erheblich ausgebaut haben. Bei der Prüfung der Ergebnisse nach Ländern liegt Schweden in Bezug auf die geschlechterspezifische Vielfalt des Verwaltungsrats an der Spitze, gefolgt von Norwegen, Belgien, Finnland und Frankreich, wo mehr als 30 % der Verwaltungsratsmitglieder Frauen sind. Die Branchen, die in Bezug auf die geschlechterspezifische Vielfalt von Vorständen als Klassenbeste dastehen, sind die Branchen Telekommunikationsdienste und Finanzen (EWOB 2018).

4.2 Female Entrepreneurship

Im Vergleich zu Frauen in (mittel-)großen Unternehmen, die häufig patriarchalisch geprägte Strukturen und männliche Monokulturen aufweisen, können Frauen in eigenen Gründungen direkt die Führung übernehmen. In Deutschland ist die Anzahl an Gründerinnen zwar in den letzten Jahren kontinuierlich gestiegen, liegt aber weiterhin bei lediglich 15 %, was vergleichbar mit internationalen Hotspots wie dem Silicon Valley (16 %), London (15 %) oder Singapur (12 %) ist. Zu diesem Ergebnis kommt der Bundesverband Deutsche Startups im kürzlich publizierten Female Founders Monitor (2019).[6] Die Studie der Unternehmensberatung Boston Consulting desselben Jahres differenziert diese Zahlen in ihrer Kartierung des deutschen Start-up-Ökosystems weiter aus: bei 10 % der Start-Ups sitze nur eine Frau im Gründungsteam und nur 4 % seien sogenannte „Women-only-Start-ups" in Deutschland, die allein von Frauen gegründet wurden (Schnor 2019).

Solo-Unternehmerinnen derzeit die Norm
Wenn Frauen gründen, besteht der größte Teil der Firmen aus Solo-Unternehmerinnen, die keine oder bis fünf Mitarbeiter*innen zählen (Bundesverband Deutsche Startups 2019). Nur 16 % beschäftigen mehr als fünf Mitarbeitende, wie die von der Autorin 2015 gegründete LUB GmbH – Linguistische Unternehmensberatung. Im für den Start-up-Bereich so wichtigen IT-Markt verdienen sonst vor allem Männer-Teams (35 %) ihr Geld mit Informations- und Kommunikationstechnologie, im Vergleich zu Frauen-Teams (8 %). Dagegen sind letztere häufiger in den Branchen Lifestyle & Konsum, Mode, Kreativwirtschaft sowie Gesundheit und Bildung aufzufinden. Sind Frauen-Teams im digitalen Bereich tätig, arbeiten sie am ehesten im Online-Verkauf (14,5 %) und auf Online-Handelsplattformen (9,2 %). Gerade im Hinblick auf innovative digitale Geschäftsmodelle in den Bereichen Industrial und Deep-Tech, Fin-Tech oder Blockchain sind Frauen demnach stark unterrepräsentiert, was auch die geringeren von ihnen eingeworbenen Fördersummen erklären könnte. Die Schlüsseltechnologie Künstliche Intelligenz (KI) wird gerade in der Softwareentwicklung und im Bereich SaaS (Software as a Service) zukünftig eine herausragende Rolle spielen, weshalb ein Großteil der Investitionsgelder in der Digitalisierungs- und Plattformökonomie landen (Female Founders Monitor 2019). Mit Jana Koehler als CEO hat das weltweit größte KI-Forschungszentrum DFKI zum ersten Mal eine Frau an die Spitze gebracht.

---

[6]Der Anteil der Gründerinnen in Paris (10 %) und Tel Aviv (8 %) ist niedriger als in Deutschland.

In dieser kleinen Gruppe von Gründerinnen stechen Best Practices umso mehr heraus, was in Deutschland nach eigenen Schätzungen etwa 20 medial bekannte Gründerinnenpersönlichkeiten betrifft. Lea-Sophie Cramer gründete 2013 zusammen mit Sebastian Pollok den Online-Handel von Sextoys, Amorelie, dessen Geschäftsführerin sie bis 2019 war. Das Wirtschaftsmagazin Forbes ernannte sie 2016 zu einer der „30 unter 30 Europa" (führenden Jung-Unternehmer*innen in Europa). Auch Franziska von Hardenberg wurde 2015 als „Vorbild-Unternehmerin" vom Bundesministerium für Wirtschaft ausgezeichnet und legt mit neuen Ideen nach der Insolvenz ihres Start-ups Bloomy Days nach. Die Zero Waste-Aktivistin Milena Glimbovski kennt spätestens jede*r seit der Gründung ihres Berliner Lebensmittelgeschäftes Original Unverpackt, das seit 2015 Waren ohne Einwegverpackungen verkauft, und Nachahmungen in 100 weiteren deutschen Städten gefunden hat.

Venture-Capital ist weiterhin männlich
Immer wieder wird im Bereich Entrepreneurship auch das Thema Venture Capital (Wagnis-/Risikokapital) aufgegriffen. Boston Consulting geht davon aus, dass Gründerinnen in Deutschland 25 % weniger Kapital von großen Investor*innen erhalten als ihre männliche Konkurrenz und es um 18 % weniger wahrscheinlich für sie ist, überhaupt an eine Finanzierung zu gelangen. Im Durchschnitt erhalten weiblich geführte Start-ups 3,1 mal weniger Kapital als Start-ups in männlicher Hand (zum Vergleich: In Großbritannien sind es 1,3 und in Frankreich 2,5 mal weniger) und werden in der Anfangsphase 16,4 mal niedriger bewertet (Abouzahr et al. 2018). Women-only-Start-ups haben eine um 18 % geringere Aussicht auf Risikokapital als von Männern oder gemischten Teams gegründeten Start-Ups (Schnor 2019). In den USA werden Frauen nur 7 % aller Venture Funds übertragen (Brush et al. 2018). Nur einer der drei größten deutschen Investitionsfonds hat eine Frau in den obersten Entscheidungsgremien. Als weitere Ursache, neben der Branchen-Thematik, wird ein weiterer Grund genannt: Frauen gründeten seltener Tech-Firmen mit skalierbare

Geschäftsmodellen, die für Investitionen attraktiv sind, und versuchten häufiger, aus eigenen Kapitalreserven zu wachsen.[7]

Frauen pitchen „naiv" – aber gründen nachhaltiger
Auf der anderen Seite zeigt eine schwedische Untersuchung (Malmström et al. 2017), dass Frauen bei Venture-Capital-Investitionen klar benachteiligt werden. Auf Basis von Geschlechterstereotypen wurden ihnen bei inhaltlich vergleichbaren Projekten und Pitches wesentlich häufiger Attribute wie Naivität zugeschrieben, was ihre Chancen in Finanzierungsrunden enorm senkte.

Auch Alison Wood Brooks von der Harvard University (2014) hatte Start-ups untersucht. 70 % der Befragten wählten ein Vorhaben aus, das durch eine männliche Stimme begleitet wurde und nur gut 30 % entschieden sich für eine Idee, die von einer Frauenstimme erläutert wurde. Die Teilnehmer*innen stuften ersteres Vorhaben zusätzlich als überzeugender, faktenbasierter und logischer ein – alles Adjektive, die dem männlichen Geschlechterstereotyp entsprechen (vgl. Kap. 5). Die Bereitschaft, zu investieren, stieg nochmals deutlich, wenn ein zusätzlich präsentiertes Foto des Mannes als attraktiv eingeschätzt wurde. Hier fanden sich beim weiblichen Bild keine statistisch abgesicherten Unterschiede, doch wurden die nach Einschätzung der Teilnehmer*innen unattraktiveren Frauen leicht – bezogen auf den Mittelwert – bevorzugt. Dieses Verhalten ist auch als Effekt namens „The Beauty is the Beast" (Weibler 2016b) bekannt.

Wo sind Deutschlands Gründerinnen?
Die Entscheidung gegen Frauen ist rational-ökonomisch nicht nachvollziehbar. Boston Consulting (von Blazekovic 2019) berechnet hypothetisch: Die globale Wirtschaft könnte um 4,5 Billionen EUR wachsen, würden Frauen zu gleichen Teilen wie Männer als

---

[7] „Durchschnittlich geben Männer-Teams in der Studie an, bisher knapp 3,4 Mio. EUR aufgenommen zu haben, während der Wert für die Frauen-Teams bei nicht einmal 200 Tausend Euro liegt. 41 % der Gründerinnen-Teams planen, externes Kapital aufzunehmen, im Vorjahr waren es nur 30 %" (Bundesverband Deutsche Startups e. V. 2019).

Unternehmerinnen am Wirtschaftsgeschehen teilnehmen. Deutschland allein entgehe eine Summe von bis zu 150 Mrd. EUR. Die Studie kommt sogar zu dem Befund, dass Frauen mit ihren Start-ups im Durchschnitt erfolgreicher sind als Männer und aus jedem investierten Euro mehr als doppelt so viel herausholen. Dabei orientieren sich Gründerinnen häufiger an gesellschaftlichen Problemstellungen und achten stärker auf Umsatz und Profitabilität ihrer Unternehmen als auf ein kapitalintensives, schnelles (internationales) Wachstum (Abouzahr et al. 2018), was auch wiederum eine unfreiwillige Konsequenz ihrer Benachteiligung bei externen Investitionen sein mag. Viele Investor*innen stellen darüber Glaubwürdigkeit, Vertrauenswürdigkeit, Erfahrung und Wissen von Gründerinnen allein deshalb infrage, weil sie Frauen seien. Nicht zuletzt fehlen Frauen in Deutschland geeignete Vorbilder und die Vorteile gemischter Teams, gerade im Tech-Bereich. Die deutsche Sozialversicherungs- und Steuergesetzgebung, die auf den alleinigen Familienernährer, der meist männlich ist, zugeschnitten ist, bietet auch wenige Anreize zur Gründung. Letztlich sind viele Frauen auch zu zurückhaltend mit ihrer Geschäftsidee sowie deren (hochpreisigem) Vertrieb und verfallen dem Downgrading-Effekt.

Ungleichheiten für Gründerinnen und Gründer müssen nivelliert werden
Der Female Founders Monitor vom Bundesverband deutscher Startups macht seit 2018 jährlich die Ungleichheiten für Gründerinnen und Gründer deutlich. Gerade die starke Unterrepräsentation in Digital-Bereichen, Zugang zu Venture Capital sowie die Vernetzung zur etablierten Wirtschaft stellen Gründerinnen-Teams noch vor Herausforderungen. Diese Aussagen unterstreichen die Notwendigkeit, in Finanzierungsrunden eine stärkere Sensibilisierung für Genderthemen und zielgerichtete Programme oder Digital Hubs für Gründerinnen anzubieten. Da Frauenteams letztere bislang weniger nutzen und kennen, sind Female Accelerators wie Grace als spezielle Plattform inklusive Mentoring eine große Hilfe beim Vorankommen in puncto Female Entrepreneurship. Das Startup-Zentrum Female Kompetenzzentrum in Mannheim verfolgt mit dem Programm Women in Tech einen ähnlichen Ansatz. Das Mindset der Investor*innen ist ein zweiter

Punkt: Unrealistisch hohe Ziele oder Umsatzprognosen sollten nicht weiter als Zeichen von Zielstrebigkeit und Selbstvertrauen gewertet werden, während Pitches von Frauen als zu sachlich und konservativ gelten. Diese Praktik darf kein Ausschlusskriterium für Investments sein, was auch der Roundtable der Berliner Factory reflektiert und u. a. Zuhörtrainings für Investor*innen empfiehlt (Schnor 2019).

Ausnahmen bestätigen hingegen wieder einmal die Regel: Gründerin Elizabeth Holmes, das biotechnologische Wunderkind, die „weibliche Steve Jobs" stellte mit ihrem milliardenschweren Unternehmen Theranos angeblich kostengünstiger und verträglicher Bluttestverfahren her. Dies erwies sich jedoch als Betrug, was dennoch auf große Faszination und ein Angebot für eine Fernsehserie stieß (Korbik 2019).

4.3 Female Science

„So viele Frauen wie noch nie", titelt die Zeitschrift ZEIT Campus am 21. Oktober 2019. Ihre Datenanalyse demonstriert, wie sich das Geschlechterverhältnis bei Studiumsbeginn verändert hat (Ehmann et al. 2019). Architektur, Medizin, Raumplanung, Umweltschutz und sogar die katholische (!) Theologie sind zu Fächern mit mehr weiblichen als männlichen Studierenden geworden. Physik bleibt klar in männlicher Hand, während es eine leichte Annäherung in den Bereichen Chemie, Verfahrenstechnik, Elektrotechnik sowie Luft- und Raumfahrttechnik gibt. In manchen Fächern gibt es in etwa gleich viele Männer und Frauen (z. B. Geschichte, Philosophie, Politik und BWL). Gerade die Bestrebungen der Hochschulen, mehr Frauen für MINT-Fächer wie Mathematik, Chemie oder Ingenieurwesen zu gewinnen, sind derzeit groß.[8]

---

[8]Übrigens gibt es auch Bemühungen, Männer in „Frauenfächer" wie Grundschullehramt zu bringen, die aber viel weniger prominent im Diskurs sind. Neben dem Geschlecht ist auch die soziale Herkunft entscheidend (sog. Berufsvererbungseffekt) (Ehmann et al. 2019).

Promotion als klassischer Drop-Out der Pipeline
33 % aller EU-Bürgerinnen haben einen Hochschulabschluss – mehr als der Durchschnitt der europäischen Männer. Im Jahr 2016 waren mehr als die Hälfte aller Studierenden weiblich, aber unter den Promovierenden wieder in der Minderheit (46 %). Über alle Fachrichtungen in Deutschland hinweg sinkt der Frauenanteil mit ansteigender Qualifikation und die Wissenschaft verliert viele hoch qualifizierte Frauen vor allem in der Phase nach der Promotion. Der Professorinnenanteil in Deutschland liegt derzeit bei durchschnittlich 24 % und zählt als einer der niedrigsten innerhalb der EU. Nach unten ziehen diesen Schnitt die mit eingerechneten Junior-Professuren mit 43 % (Statistisches Bundesamt 2019b). In Hochschulen für angewandte Wissenschaft (HAW) ist er teilweise noch geringer. Die DHBW (Duale Hochschule Baden-Württemberg) kommt beispielsweise auf knapp 18 %, ist allerdings mit dem kürzlich durchgeführten Professorinnentag „Fempower your Future" und dem Empowerment-Programm „Mach' Mut für MINT" auf einem vielversprechenden Weg. In Lettland machen Frauen 60 % aller Studierenden aus und erzielen auch einen deutlich größeren Bildungserfolg als die lettischen Männer: Frauen in Lettland stellen rund zwei Drittel aller Hochschulabsolvent*innen, 58 % aller Doktorand*innen und halten 40 % aller Professuren. Allerdings sind in Lettland Wissenschaftsberufe seit der sowjetischen Zeit besonders niedrig dotiert, während Professorinnen in Deutschland klar zu den Spitzenverdienerinnen gehören – auch wenn sie im Schnitt 1000 EUR weniger Gehalt bekommen als ihre männlichen Kollegen (Steinlein 2019).

Elitäre Wissenschaftskultur reproduziert Gender Bias
Auch auf der Gruppen- und Projektleitungsebene ist der Nachsteuerungsbedarf hoch. In der Akademia fällt der Gender Bias bei gleicher Qualifikation von Frau und Mann weiterhin stark ins Gewicht, was Corinne Moss-Racusin et al. (2010) für forschungsstarke US-Universitäten beschrieben hat. Auch hierzulande kritisiert die Sprachwissenschaftlerin Reyhan Sahin besonders den von ihr als „Fuckademia" bezeichneten Wissenschaftsbetrieb „aufgrund von hierarchischen, alten weißen, cis-männlichen und Frauen ausgrenzungsfördernden

Strukturen und Machtverhältnissen" (Sahin 2019). Aufgrund seiner speziellen hierarchischen Kultur ohne kontrollierende Institutionen würden Elitarismus und Ausgrenzungsstrukturen bis hin zu sexuellen Belästigungen hier noch besonders stark vorherrschen. Deutschland kann insgesamt nur 28 % Frauen in Führungspositionen innerhalb der Wissenschaft vorweisen – das ist genauso viel wie der weltweite Durchschnitt – und muss sich hinter Länder wie Tunesien (55 %) und Myanmar (86 %) anstellen (Hanny und Berger 2019).

Im Rahmen einer Studie an der Universität in Utrecht beantworteten 95 % der Befragten (sowohl Männer als auch Frauen) die Frage, ob sie beide Geschlechter gleichermaßen für wissenschaftliche Führungspositionen geeignet halten, mit ja. Als sie jedoch in einer Situation auf der Basis ihres Bauchgefühls antworten mussten, stellte sich heraus: 80 % der Befragten hielten Männer für geeigneter, was mit dem Think-Manager-Think-Male-Phänomen bereits erklärt wurde. Die konservativen Strukturen der Wissenschaft orientieren sich auch weiterhin vorrangig an männlichen Lebensentwürfen, denn unsichere Beschäftigungsverhältnisse durch befristete Verträge (Debatte um das Wissenschaftszeitvertragsgesetz) sowie unklare Karriereperspektiven (Debatte zur Einführung des Tenure Track) setzen ein Vollzeit-Engagement für die Wissenschaft voraus. Werden Wissenschaftlerinnen zu Müttern, brechen sie tendenziell auch eher ihre akademische Laufbahn ab als Väter (Statistisches Bundesamt 2019a; Ehmann et al 2019).

Evaluationen fallen für Wissenschaftlerinnen schlechter aus
Der existierende Gender Bias wird auch in der Wahrnehmung und Evaluierung der Lehre deutlich: Das Institute of Labor Economics fand im Auftrag der Deutschen Post Stiftung (2016) heraus, dass Dozentinnen weitaus schlechter bewertet wurden als ihre männlichen Kollegen – und das von 20.000 Studierenden, die in Deutschland, Schweden und England vier Jahre Dozentinnen und Dozenten evaluierten. Die Studierenden wurden befragt, bevor sie ihre Noten für den Kurs erhielten. Außerdem wurden sie bei der Wahl ihrer Kurse zufällig einem Dozenten oder einer Dozentin zugeordnet. Auf einer Skala von 0 bis 100 wurde die Lehrleistung der Dozentinnen

um 37 Punkte schlechter bewertet als die ihrer männlichen Kollegen. Männer bewerteten Dozentinnen im Durchschnitt drei Mal so schlecht wie die männlichen Kollegen. Junge Dozentinnen in MINT-Fächern wurden am negativsten bewertet, sowohl von Studentinnen als auch von Studenten (Burel 2018).

In Empfehlungsschreiben für Stellen an psychologischen Lehrstühlen fanden sich ähnliche Effekte. Frauen wurden dort schlechter bewertet als Männer. Besonders erwähnenswert ist, dass solche Empfehlungsschreiben, die besonders „feminin" klangen, seltener zu einer Einstellung führten, was einen diskriminierenden Geschlechtereffekt deutlich werden lässt (Spitzer et al. 2018). In einer Studie der Universität Kalabrien mit 430 Studierenden in geschlechtergemischten Dreierteams (De Paola et al. 2018) handelten weibliche Teamleitungen altruistischer. Sie erledigten die Hausaufgaben zur Prüfungsvorbereitung zwar gewissenhafter, wurden aber von Männern wiederum kritischer als die männlichen Leitungen bewertet.

100 % Frauenquote in den Niederlanden
Eine radikale Gegenmaßnahme stellt die Reaktion der TU Eindhoven mit einem fünfjährigen Programm zur 100 %-Frauenquote dar, das am 1. Juli 2019 startete (unter den rund 42.000 bisherigen Absolvent*innen der Universität sind gerade einmal 17 % Frauen): Ab dato sollen die rund 150 leeren Stellen nur mit Frauen besetzt werden. Außerdem erhalten diese neben ihres Einstiegsgehalt jeweils eine Zulage von 100.000 EUR für Forschungsprojekte. Wenn sich innerhalb von sechs Monaten keine passende Kandidatin findet, werden die Stellen auch für männliche Bewerber geöffnet. Diese Entscheidung folgte auf Maßnahmen, die sich als nicht wirkungsvoll bewiesen hatten (z. B. Selbstverpflichtung zur Erhöhung des Frauenanteils auf 20 % bis 2020). An der technischen Universität in Groningen gibt es ähnliche Projektüberlegungen. Universitäten dürfen nach europäischem Recht bevorzugt aus Bevölkerungsgruppen rekrutieren, die sonst unterrepräsentiert sind (Quecke 2019).

Das Fraunhofer IAIS schaffte es 2019 sogar, mehr als die Hälfte der Stellen rund um das Fach Informatik mit Frauen zu besetzen, obwohl die Absolventinnen-Quote hier bei nur 17 %

lag (IAIS 2019). Maßnahmen zum Kulturwandel, verpflichtende Unconscious-Bias-Trainings und professionalisierte Bewerbungsprozesse halfen, die Einstellungsquote von Wissenschaftlerinnen am Institut innerhalb von drei Jahren mehr als zu verdoppeln. Einzelne Best-Practice-Maßnahmen für mehr Frauen in der Wissenschaft beziehen sich auch auf mehr Gendersensibilität in Berufungsverfahren (Leitfäden, aktives Scouting und paritätisch besetzte Gremien) oder Blind Reviews wie in professionellen Orchestern, bei denen Auditions hinter einem Vorhang stattfinden, sodass Geschlecht, Herkunft etc. bei der Endentscheidung keine Rolle mehr spielen. Letztlich tauchen auch vermehrt digitale Sensibilisierungsformate für das Thema auf, etwa die Initiative der HU Berlin namens GENDER EQUALITY AND FAMILY FRIENDLINESS IN RESEARCH ALLIANCES AT HUMBOLDT-UNIVERSITÄT ZU BERLIN (GeCo 2019).

4.4 Female Politics

In den wirtschaftspolitischen Strategien der Länder Island, Neuseeland und Schottland finden sich Faktoren wie Gleichberechtigung zwischen Männern und Frauen (hinsichtlich Einkommen oder Führungspositionen) oder die Bewahrung einer intakten Natur. Alle Länder werden derzeit von Frauen regiert, nämlich von Jacinda Ardern (Neuseeland), Nicola Sturgeon (Schottland) und Katrín Jakobsdóttir (Island). Die Antwort auf die Frage, ob ihre progressive Politik mit ihrem Geschlecht zusammenhinge, ließ die schottische Regierungschefin jüngst bei ihrem TED Talk offen. In Island wird Gleichberechtigung bereits als Schulfach behandelt und somit früh in die menschliche Lebenserfahrung integriert (Huber 2019).[9] Im „frauenfreundlichsten" Land der Welt, Island, sind Unternehmen mit mehr als

---

[9]Alle Staaten, die dem „Women, Business and The Law"-Index der Weltbank zufolge hundertprozentige rechtliche Gleichstellung auf dem Arbeitsmarkt haben, liegen in der EU, u. a. Belgien, Dänemark, Frankreich, Lettland, Luxemburg und Schweden. Die schwierigsten rechtlichen Voraussetzungen in Europa haben Russinnen: 456 Berufe wie Pilotin, Lokführerin und Kapitänin sind ihnen per Gesetz verboten (Steinlein 2019).

25 Angestellten darüber seit 2018 gesetzlich verpflichtet, Männern und Frauen für gleichwertige Arbeit gleiche Löhne zu zahlen. Bei Verstoß drohen staatlich verordnete Bußgelder von bis zu 365 EUR pro Tag (Huber 2019). Mit ca. 5 % ist der bereinigte Gender Pay Gap hier auch besonders klein.[10]

Weiblich, kompetent, U40
Finnland machte daneben im Dezember 2019 von sich reden, als die 34-jährige Sanna Marin jüngste Ministerpräsidentin des Landes und der Welt wurde. Finnland wird nun von einer Koalition aus fünf Parteien regiert, die alle weibliche Vorsitzende (drei unter 40 Jahren) haben. 47 % der finnischen Abgeordneten im Parlament sind Frauen. Damit liegt das Land weit über dem europäischen Durchschnitt von 29 % parlamentarischem Frauenanteil. Ein Grund für die hohe Frauenquote in der finnischen Politik ist sicherlich, dass Frauen in Finnland seit 1906 gleichberechtigt wählen und gewählt werden dürfen. So ist jedes politische Amt, von der Bürgermeisterin bis zur Staatspräsidentin, mindestens einmal von einer Frau besetzt worden und über 35 % der Frauen arbeiten in leitenden Positionen, während diese in Deutschland vielerorts in schlecht bezahlten Bereichen und/oder in Teilzeit beschäftigt sind (Benecke und Schultz 2019). In der EU liegt Deutschland hinsichtlich des Frauenanteils im nationalen Parlament auf Platz 13 und weltweit auf Rang 47 von 193 Ländern (Deutscher Bundestag 2019). Von deutscher Seite wird allerdings eingeräumt, dass „die Erfahrungen aus anderen europäischen Ländern, vor allem aus dem skandinavischen Raum, zeigen (...), dass vergleichsweise höhere Frauenanteile in den Parlamenten auch dazu führen, dass in den gesetzgeberischen Prozessen der Blick generell geweitet wird und Genderaspekte angemessener berücksichtigt werden" (Deutscher Bundestag 2019).

---

[10]Island schneidet im Global Gender Gap Report des Weltwirtschaftsforums am besten ab. Die Equal-Pay-Maßnahme soll dort bis 2021 umgesetzt sein. In der Geschichte des Landes hatten Frauen wiederholt ihre Arbeit niedergelegt oder das Haus verlassen, um gegen die ungleiche Bezahlung zu demonstrieren. Deutschland liegt beim Gender Pay Gap auf dem 68. Platz, bei der Machtbeteiligung in der Wirtschaft auf dem 89. im globalen Vergleich (World Economic Forum 2019).

Frauen machen die Arbeit, aber nicht die Ämter

Im Deutschen Bundestag sitzen momentan 31 % Frauen – so wenige Frauen wie vor 20 Jahren und 7 % weniger weibliche Abgeordnete als im vorherigen Bundestag (vgl. Tab. 4.3). Im bayerischen Parlament ist die Zahl mit 27 % noch niedriger (Gronauer 2019). Nach unten in Richtung kommunaler Basis nimmt ihre Anzahl weiter ab: 30 % Frauen in Landtagen stehen nur 10 % Bürgermeisterinnen gegenüber (EAF Berlin/Helene Weber Kolleg 2018). Frauen machen die Arbeit, kommen aber nicht in die Ämter. Laut einer Studie des Wissenschaftszentrums Berlin sind in der Kommunalpolitik vor allem hoch gebildete, erwerbstätige Frauen, die keine oder erwachsene Kinder haben, vertreten, sodass auch in dieser Subgruppe Diversität bereits hinsichtlich sozialer Herkunft und Familienstand nicht gegeben ist (Schlote 2013). In der Stadt Erlangen ist die Situation für Frauen in der Politik übrigens am besten. Die Stadt gewinnt das vierte Gender-Ranking deutscher Großstädte 2017 vor den klassischen Spitzenreiterinnen Trier und Frankfurt am Main (Heinrich-Böll-Stiftung 2017).

Zu den Ursachen der Unterrepräsentation von Frauen in der politischen Elite zählt u. a. die männlich dominierte Amtsautorität mit erprobter Sitzungskultur in Wirtshaus oder Ortsverein, die weibliche Realitäten wenig bedient. Regelmäßige Formen von Hate Speech,

Tab. 4.3 Anteil von Frauen in politischen Ämtern. (Quelle: EAF Berlin/Helene Weber Kolleg 2018)

Kommunalebene	25 % Frauen in kommunalen Vertretungen 10 % (Ober-)Bürgermeisterinnen		
Landesebene	30 % Frauen in Landtagen (Spannbreite von 41 % in Thüringen bis 21 % in Sachsen-Anhalt) 2 Ministerpräsidentinnen		
Bundesebene	Anteil von Frauen im Bundestag	Bündnis 90/Die Grünen	58 %
		Die Linke	54 %
		SPD	42 %
		FDP	24 %
		CDU	20 %
		AfD	11 %
		31 % weibliche Abgeordnete	
	6 Bundesministerinnen		

Gewaltandrohungen (verbal violence), Sexismus und Antifeminismus im Netz schrecken ambitionierte politische Kandidatinnen ab.[11] Die CDU-Politikerin Ursula von der Leyen war zuletzt Bundesministerin der Verteidigung und stellvertretende Bundesvorsitzende der CDU und wurde 2019 zur Präsidentin der Europäischen Kommission gewählt. Wird ihr Name bei Google eingegeben, lauten die Vorschläge zur Vervollständigung der Suche: Kinder; Beine; aktuell; Kinder adoptiert. Ähnliches ergibt die Suchvervollständigung bei einer Google-Anfrage zu Bundeskanzlerin Angela Merkel: Ehemann getrennt; Weltpolitik; Sohn; Rede UN Klimagipfel (Google 2019). Die Vervollständigung zeigt die häufigst gesuchten Wortkombinationen an und repräsentiert damit klassische Geschlechterrollen. Auch Politikerinnen werden mit Familie und Mutterschaft assoziiert („glücklich verheiratet + x Kinder"). Nichtsdestotrotz sind sie damit zugleich unerwünscht in der Politik: Die Grünen-Abgeordnete Madeleine Henfling wurde mit ihrem sechs Wochen alten Sohn aus dem Plenarsaal des Thüringer Landtags gebeten (Bernard 2018). Ähnliches erlebte die neuseeländische Premierministerin Jacinda Ardern, die in einem Interview zu ihrer Schwangerschaft und nicht zu ihrer Politik befragt wurde. Der Interviewer (Charles Wooley für die TV-Sendung 60 min) kommentierte darüber hinaus auch ihr Aussehen und ihr Alter (SPIEGEL Online 2018).

Grüne als frauenfreundlichste Partei
Insgesamt ist derzeit die Grünen-Fraktion mit einem Frauenanteil von 58 % die frauenfreundlichste Partei im Bundestag, gefolgt von der Linken (54 %). Schlusslichter bilden die CDU mit 20 % und die AfD mit gerade einmal 11 %. Seit Januar 2019 hat der brandenburgische

---

[11]Eine report München Umfrage unter allen weiblichen Bundestagsabgeordneten kommt zu schockierenden Ergebnissen: 87 % wurden bereits Ziel von Hass und Bedrohung im Netz, einige gaben an, nahezu täglich damit konfrontiert zu sein. In 57 % der Fälle sind es sexistische Anfeindungen (Kießling und Tillack 2019). Ebenfalls in der Blogosphäre sind weibliche Aktivistinnen wie Dunja Hayali oder Madeleine Alizadeh (DariaDaria) Phänomenen wie Hate Speech und sexistischen Shitstorms ausgesetzt. In den als emanzipiert geltenden Staaten Nordeuropas werden übrigens besonders viele Fälle frauenfeindlicher Gewalt registriert („nordisches Paradox"), was möglicherweise mit dem hohen Vertrauen in Sicherheitsbehörden und einer niedrigeren Wahrnehmungsschwelle von „Gewalt" zusammenhängt (Steinlein 2019).

Landtag als erster in Deutschland ein Parité-Gesetz beschlossen, nach dem Parteien gleich viele Männer wie Frauen aufstellen müssen (Wehner 2019), im Juli 2019 ist der Thüringer Landtag diesem Beispiel gefolgt. In anderen Ländern, darunter auch Belgien und Frankreich, gibt es das Parité-Gesetz bereits auf Bundesebene. Auch die Verteilung der Geschlechter in den Fraktionen macht deutlich: Diejenigen Parteien, die sich der Parität verschrieben haben, besitzen auch den höchsten Frauenanteil.

Empfehlungen für Nominierungen reichen nicht aus
Auch in der Politik werden weiterhin weibliche Vorbilder gebraucht. Die Trias Merkel, Kramp-Karrenbauer und von der Leyen ist ein Anfang, auch wenn sie dem klassischen Duktus der Old, white Men sehr nahekommen. Parteien müssen Frauen gezielter ansprechen und zur Mitarbeit motivieren. Dies muss sich auch in transparenten Nominierungsprozessen niederschlagen (Schlote 2013), was die Verfassungsrechtlerin Silke Laskowski konsequent anspricht. In 100 Jahren Frauenwahlrecht und 70 Jahren Bundesrepublik Deutschland hat sich auf freiwilliger Basis nichts verändert. Nach wie vor herrschen strukturelle Benachteiligungen von Frauen in der Politik vor, weshalb ein paritätisches Satzungsrecht nötig ist, das vor allem die konservativen Parteien dringend brauchen. Empfehlungen reichen nicht aus. Der Aspekt des „passiven Wahlrechts" geht unter: Frauen wählen zwar aktiv, werden aber kaum gewählt (Kalmbach und Jainski 2018).

Als Maßnahme, um mehr Frauen in (hochrangige) politische Ämter zu bringen, wird darüber ein konsequentes Female Leadership Management gebraucht, das die Potenziale von Frauen frühzeitig erkennt und nutzt, um starre politische Institutionen digital und zukunftsfähig umzustrukturieren, und mit alten Tabus bricht. „Mein Leben ist ein sexistischer Witz" lautet die Antrittsrede von Daniela Harsch, der neuen Bürgermeisterin von Tübingen, die diesbezüglich medial für großes Echo sorgte.

> **Ihr Transfer in die Praxis**
> - Einführung von fixen Geschlechterquoten auf allen Management-Ebenen mit halbjährlicher Berichterstattung und bonusrelevante Einstellungs-/Beförderungspolitik von Frauen.
> - Leere Stellen an Universitäten zunächst Frauen anbieten und speziell Doktorand*innen mit Coachings fördern sowie Evaluationen unter dem Gender Data Bias betrachten.
> - Pitch-Trainings für Frauen in Start-ups und Politik sowie Zuhörtrainings für Investor*innen und Politiker*innen anbieten.

Literatur

Abouzahr, Katie; Taplett, Frances Brooks; Krentz, Matt and John Harthorne (2018): Why Women-Owned Startups Are a Better Bet. Boston Consulting Group, 6. Juni 2018. https://www.bcg.com/publications/2018/why-women-owned-startups-are-better-bet.aspx (letzter Zugriff: 14.11.19)

AllBright Stiftung gGmbH (2019): Entwicklungsland. Deutsche Konzerne entdecken erst jetzt Frauen für die Führung. Bericht der AllBright Stiftung, September 2019.

Baumann, Helge et al. (2017): Frauen und Männer in Betriebsräten. Zur Umsetzung des Minderheitenschutzes bei Betriebsratswahlen. WSI-Report Nr. 34, 01/2017.

Benecke, Mirjam und Teri Schultz (2019): Finnlands Regierung: jung, weiblich, kompetent. In: Deutsche Welle, 10.12.19. https://www.dw.com/de/finnlands-regierung-jung-weiblich-kompetent/a-51607118 (letzter Zugriff: 18.12.19)

Bernard, Henry (2018): Abgeordnete mit Baby aus Landtag geworfen. In: Deutschlandfunk, 30.08.2018. https://www.deutschlandfunk.de/detail-deutschland-heute.1769.de.html?dram:article_id=426864%29 (letzter Zugriff: 16.11.19)

Blazekovic, Jessica von (2019): Wo sind Deutschlands Gründerinnen? In: FAZ, 10.09.2019. https://www.faz.net/aktuell/karriere-hochschule/wenige-weibliche-start-ups-wo-sind-deutschlands-gruenderinnen-16375785.html (letzter Zugriff: 14.11.19)

Brooks, A. W./Huang, L./Kearney, S. W./Murray, F. E. (2014): Investors prefer entrepreneurial ventures pitched by attractive men. In: PNAS Early Edition, 1–5

Brückenteilzeit (2019). Online verfügbar unter: Bundesministerium für Arbeit und Soziales, 01.01.19. https://www.bmas.de/DE/Schwerpunkte/Brueckenteilzeit/brueckenteilzeit-artikel.html;jsessionid=9D93D75D4FBFAFE0DEC04665FD8D4AE5 (letzter Zugriff: 10.01.15)

Brush, Candida; Greene, Patricia; Balachandra, Lakshmi und Amy Davis (2018): The gender gap in venture capital-progress, problems, and perspectives. In: Venture Capital 20(2). S. 115–136.

Bund, Kerstin; Heuser, Uwe Jean und Ann-Kathrin Nezik (2019): Eine von 31. In: DIE ZEIT Nr. 43/2019. https://www.zeit.de/2019/43/jennifer-morgan-sap-vorstand-aufsichtsrat-dax-fuehrungsposition-frau (letzter Zugriff: 14.11.2019)

Bundesverband Deutsche Startups e. V. (2019): Deutscher Startup Monitor 2019. Mehr Mut, neue Wege. Bundesverband Deutsche Startups e. V. und PWC Deutschland.

Burel, Simone (2018): Sprache denkt female. E-Book. Verfügbar unter https://drfemfatale.de/e-book/ (letzter Zugriff: 10.01.20)

De Paola, Maria; Gioia, Francesca; Scoppa, Vincenzo (2018): Teamwork, Leadership and Gender. IZA DP No. 11861, September 2018.

Deutscher Bundestag (2019): Vorhaben der Bundesregierung zur Frauenquote. Drucksache 19/7487.

EAF Berlin/Helene Weber Kolleg (2018): Frauenanteile in der Politik. Infografik der Europäischen Akademie für Frauen in Politik und Wirtschaft.

Ehmann, Annick; Franzke, Amna; Tröger, Julius und Paul Blickle (2019): So viele Frauen wie noch nie. In: ZEIT Campus, 21. Oktober 2019. https://www.zeit.de/campus/2019-10/geschlechterverhaeltnis-studiengaenge-frauen-maenner-studium-universitaet?utm_medium=sm&utm_source=facebook_zonaudev_int&wt_zmc=sm.int.zonaudev.facebook.ref.zeitde.redpost_zon.link.sf&utm_content=zeitde_redpost_zon_link_sf&utm_term=facebook_zonaudev_int&utm_campaign=ref&fbclid=IwAR0LqL9JR8CNWOEIXcOau65IxihM0ceLEjaAM47bKmvfxxfUei4Bz5IxzQo (letzter Zugriff: 14.11.19)

Entgelttransparenzgesetz (2018). Online verfügbar unter: Bundesministerium für Familie, Senioren, Frauen und Jugend, 12.07.18. https://www.bmfsfj.de/bmfsfj/themen/gleichstellung/frauen-und-arbeitswelt/lohngerechtigkeit/entgelttransparenzgesetz/entgelttransparenzgesetz/117952 (letzter Zugriff: 10.01.19)

EWOB (2018): European Gender Diversity Index (GDI). In: European Women On Board, 31.07.2018.
FidAR e. V. (2019a): Women-on-Board-Indizes und Studien. https://www.fidar.de/wob-indizes-studien.html (letzter Zugriff: 10.01.20)
FidAR e. V. (2019b): Women-on-Board-Index 185. 30.04.19.
Focus (2019): Niederlande führen verbindliche Frauenquote ein. In: FOCUS, 03.12.19. https://www.boerse-online.de/nachrichten/aktien/niederlande-fuehren-verbindliche-frauenquote-ein-1028734478 (letzter Zugriff: 02.01.20)
GeCo (GenderConsulting for Research Alliances) (2019): Metis. Gender Equality and Family Friendliness in Research Alliances at Humboldt-Universität zu Berlin. http://www.metis.hu-berlin.de/ (letzter Zugriff: 10.01.20)
Google Ireland Limited (2019): Google-Suche „Angela Merkel", Anfrage Dezember 2019. https://www.google.de/search?source=hp&ei=W2YUXr3GAZHRwAKeu7XoBQ&q=angela+merkel+&oq=angela+merkel+&gs_l=psy-ab.3..0i131j0l9.46011.54650..58504...7.0..0.59.990.24......0....1..gws-wiz.....0..0i10.uMy3ikKSCv4&ved=0ahUKEwj938m2rPHmAhWRKFAKHZ5dDV0Q4dUDCAc&uact=5 (letzter Zugriff: 07.01.20)
Gronauer, Almut (2019): Die Macho-Republik? Wie Frauen um mehr Macht in der Politik kämpfen. Dokumentarfilm, BR, 08.05.19.
Hanny, David und Valentin Berger (2019): (K)Eine weibliche Welt. In: Forbes, 16.10.19. https://www.forbesdach.com/artikel/k-eine-weibliche-welt.html (letzter Zugriff: 02.01.19)
Heinrich-Böll-Stiftung (2017): Genderranking deutscher Großstädte 2017. Böll.brief der Heinricht-Böll-Stiftung e. V. Berlin.
Huber, Patricia (2019): „Frauen schlechter zu bezahlen, das sollte in Österreich verboten sein" – Interview mit Ökonomin Mader. In: kontrast.at, 09.09.19. https://kontrast.at/frauen-verdienen-weniger-fuer-gleiche-arbeit-island/ (letzter Zugriff: 10.01.20)
IAIS (Fraunhofer-Institut für Intelligente Analyse- und Informationssysteme) (2019): »BestChance« 2019: Fraunhofer IAIS für herausragendes Engagement für Chancengleichheit ausgezeichnet. Pressemitteilung des Frauenhofer-Instituts IAIS, 13.11.19. https://www.iais.fraunhofer.de/de/presse/presseinformationen/presseinformationen-2019/presseinformation-191113.html (letzter Zugriff: 10.01.20)
Kalmbach, Ilona und Sabine Jainski (2018): Die Freiheitskämpfe der Frauen – 100 Jahre Frauenwahlrecht. Dokumentarfilm, ZDF, 14.11.18.

Kewes, Tanja (2019): Mächtig weiblich: Warum 2019 das Jahr der Frauen war. In: Handelsblatt, 19.12.19. https://www.handelsblatt.com/politik/deutschland/menschen-und-themen-des-jahres-maechtig-weiblich-warum-2019-das-jahr-der-frauen-war/25318216.html (letzter Zugriff: 02.01.19)

Kießling, Thomas und Anna Tillack (2019): Politikerinnen besonders oft Ziel von Hass. Report München, BR, 08.10.2019.

Korbik, Julia (2019): Ums Klischee betrogen. In: ZEIT Online, 25.10.19. https://www.zeit.de/kultur/2019-10/caroline-calloway-influencerin-instagram-hochstaplerinnen-10nach8

Malmström, Malin; Johansson, Jeaneth und Joakim Wincent (2017): Gender Stereotypes and Venture Support Decisions: How Governmental Venture Capitalists Socially Construct Entrepreneurs' Potential. In: Entrepreneurship Theory and Practice 41(5). S. 833–860.

Michler, Inga (2019): „Frauen an der Spitze sind gut fürs Geschäft." In: Gründerszene, 02.12.19. https://www.gruenderszene.de/business/frauen-management-cristina-stenbeck?interstitial (letzter Zugriff: 09.12.19)

Moss-Racusin, C. A; Phelan, J. E.; und L. A. Rudman (2010): When men break the gender rules: Status incongruity and backlash against modest men. In: Psychology of Men & Masculinity 11. S. 140–151.

Quecke, Franca (2019): Diese Uni stellt nur noch Frauen ein. Interview mit TU-Rektor Frank Baaijens. In: Spiegel Online, 02.07.19. https://www.spiegel.de/lebenundlernen/uni/frauenquote-an-tu-eindhoven-warum-diese-uni-nur-noch-frauen-einstellt-a-1274769.html (letzter Zugriff: 10.01.20)

Sahin, Reyhan a.k.a. Dr Bitch Ray (2019): Yalla, Feminismus! Stuttgart: Tropen.

Schlote, Sara (2013): Ursachen für die Unterrepräsentanz von Frauen in der Kommunalpolitik. Befunde und Handlungsempfehlungen. Studie im Auftrag der SPD-Landtagsfraktion Baden-Württemberg, Wisesnschaftszentrum Berlin für Sozialforschung (WZB).

Schnor, Pauline (2019): In 120 Jahren wird der Gender-Gap in der Startup-Szene geschlossen sein. In: Gründerszene, 11.09.19. https://www.gruenderszene.de/business/gender-gap-startup-szene-bcg?interstitial (letzter Zugriff: 10.01.20)

Schwartz, M. (2018): Frauenanteil in den Chefetagen des Mittelstands weiter im Sinkflug, Volkswirtschaft Kompakt Nr. 174, KfW Research, Frankfurt a. M.

SPIEGEL Online (2018): Interview mit schwangerer Regierungschefin sorgt für Empörung, 26.02.18. https://www.spiegel.de/politik/ausland/neuseeland-interview-mit-premier-jacinda-ardern-sorgt-fuer-empoerung-a-1195376.html (letzter Zugriff: 10.01.20)

Spitzer, Daniel; Tschürtz, Simon und Simone Burel (2018): Deutsche Stellenausschreibungen unterscheiden zwischen Mann und Frau: Wie geschlechtsspezifische Sprache die Ungleichheit zwischen den Geschlechtern verfestigt. Abrufbar unter https://www.lub-mannheim.de/research/ (letzter Zugriff: 10.01.20)

Statistisches Bundesamt (2019a): 1,3% mehr wissenschaftliches Hochschulpersonal im Jahr 2018. Pressemittelung Nr. 256 vom 5.7.2019.

Statistisches Bundesamt (2019b): Geschlechtsspezifischer Verdienstabstand im öffentlichen Dienst und in der Privatwirtschaft (unbereinigt) von 2014 bis 2018. März 2019.

Steinlein, Eva (2019): So emanzipiert sind Europas Frauen: Große Unterschiede in der Gleichberechtigung. In: Deine Korrespondentin, 15.08.19. https://www.deine-korrespondentin.de/so-emanzipiert-sind-europas-frauen/ (letzter Zugriff: 18.12.19)

Wehner, Markus (2019): Parteien müssen in Brandenburg gleich viele Frauen und Männer aufstellen. In: FAZ, 31.01.19. https://www.faz.net/aktuell/politik/inland/vorbild-auch-fuer-den-bund-brandenburg-beschliesst-das-erste-parite-gesetz-16017976.html (letzter Zugriff: 10.01.20)

Weibler, Jürgen (2017): Weibliche Führungskräfte in NPO – Exklusion von der Macht? In: Verbands-Management (VM), 43(1). S. 21–27.

Weibler, Jürgen (2016a): Frauen als Fremdkörper im Management? Eine schonungslose Analyse der Führungssituation von Frauen und eine machtvolle Empfehlung. Hemer: Leadership Insiders Publishing.

Weibler, Jürgen (2016b): „Beauty is the Beast" – Wo weibliche Schönheit Führungspositionen verschließt. In: Leadership Insiders, 28. Februar 2016. https://www.leadership-insiders.de/beauty-is-the-beast-wo-weibliche-schoenheit-fuehrungspositionen-verschliesst/ (letzter Zugriff: 14.11.2019)

Werner, Kathrin (2019): Es ist Zeit, die Geduld zu verlieren. In: Süddeutsche Zeitung, 23.04.19. https://www.sueddeutsche.de/wirtschaft/frauen-vorstandsvorsitzende-best-buy-dax-1.4414947 (letzter Zugriff: 02.01.20)

World Economic Forum (2019): The Global Gender Gap Report 2020. https://www.weforum.org/reports/gender-gap-2020-report-100-years-pay-equality (letzter Zugriff: 02.01.20)

5

Stereotype, Fakten und Mythen über Führung

> *Brüllt ein Mann, ist er dynamisch, brüllt*
> *eine Frau ist sie hysterisch.*
> *(Hildegard Knef 2008)*

Was Sie aus diesem Kapitel mitnehmen
- Geschlechterstereotype und andere Spielarten des Unconscious Bias beeinflussen das Verhalten.
- Kulturelle und gesellschaftliche Vorurteile gegenüber Frauen und Männern werden offengelegt.
- Schwarz-Weiß-Denken: Wie sich Stereotype im allgemeinen Sprachgebrauch aufrechterhalten.
- Es gibt nach wie vor gängige Vorurteile gegenüber Frauen in/auf dem Weg zur Führung.
- Obacht! Frauen in Führung sollten den Backlash-Effekt beachten.

Auf dem Weg zu Female Leadership müssen alte Denkmuster kritisch hinterfragt und neue gestärkt werden, in der Folge Denken – Sprechen – (Führungs-)Handeln. Der von der Psychologieprofessorin Alice Eagly geprägte Begriff „Leadership Labyrinth" (Eagly und Carli 2007) steht als Metapher anschaulich für die zahlreichen Hindernisse auf Karrierepfaden, die Frauen durch alteingesessene Kultur, traditionelle Praktiken oder naiv dahingesagte Sprichwörter überwinden müssen. Sie sind herausfordernd, aber theoretisch bezwingbar, was allerdings eine besondere Leistungsbereitschaft, Robustheit und mehr Ausdauer als bei männlichen Mitstreitern erfordert. „Klassische Rollenbilder" wurden im HR-Report von Jutta Rump (2015) von 56 % der befragten Führungskräfte als Hindernis für Frauen in Führungspositionen genannt. Interessant ist die Tatsache, dass diese Stereotype im allgemeinen von einer Mehrzahl der Betroffenen, gerade in öffentlichen Situationen, negiert werden („wir stellen nach Qualifikation ein und nicht nach Geschlecht"), obwohl eine Vielzahl von belastbaren Studien die individuelle Diskriminierung von Frauen im Einzelfall bestätigt hat. Auf Basis des „Bauchgefühls" halten Menschen bei Führungspositionen Männer für geeigneter, wie veranschaulicht wurde. Bei dem von Kimmel bereits (1996) beschriebenen „Cowboy-Mythos" versammeln sich zudem einige dysfunktionale Attribute wie Emotionslosigkeit, Aggressivität, Konkurrenzdenken und Egozentrik um das Führungsbild, die Organisationen ungesund beeinflussen.

Geschlechterstereotype als Wurzel des Übels?
Ein Faktor, der als einer der größten Herausforderungen für Frauen in und auf dem Weg zu Führungspositionen belegt wurde, sind Geschlechterstereotype, die gerade in der sozialpsychologischen Literatur bereits seit vielen Jahrzehnten gut erforscht sind (Glick und Fiske 1996). Stereotype gelten als Bündel vorauseilender Annahmen, die sich auf Fähigkeiten und Kompetenzen beziehen, die im Alltag unvermeidbar und harmlos erscheinen, doch in beruflichen Kontexten Probleme verursachen (Kimmel 2015). Geschlechterstereotype über die allgemeinen Kategorien von Frau und Mann werden auch „Globalstereotype" genannt, da sie in einer Kultur für ein bestimmtes Geschlecht als typisch oder akzeptabel gelten (Eckes 2010). Stereotype werden als Merkmalsbündel durch das Individuum selbst als Ausdruck der eigenen Identität bedient oder von anderen zugewiesen, etwa das Bild des Mannes als unabhängig, objektiv, aktiv, wettbewerbsorientiert, abenteuerlustig, selbstbewusst und ehrgeizig, das der Frau

als abhängig, subjektiv, passiv, taktvoll, freundlich und gefühlsbetont. Die Stabilität dieser Merkmalsbündel über die Zeit und ihre Ähnlichkeit über verschiedene Kulturen hinweg ist bemerkenswert hoch, sodass eine dichotome Aufteilung vorgenommen werden kann, die weitreichende Auswirkungen auf Frauen in ihrem Führungsverhalten hat[1] (Burel 2018; Tannen 1991; Lakoff 1975): Männer werden demnach an den Kriterien analytisch denkend, ehrgeizig, durchsetzungsfähig und bestimmend gemessen; Frauen hingegen an den Eigenschaften hilfsbereit, fürsorglich, mitfühlend und verständnisvoll.

Insgesamt können zwei zentrale Dimensionen der Personenbewertung beschrieben werden: Wärme und Fürsorge auf der einen Seite, Kompetenz und Dominanz auf der anderen (Cuddy et al. 2008). In verschiedenen Kombinationen führen sie zu bekannten Rollentypen, z. B.

Die Karrierefrau (hohe Kompetenz, niedrige Wärme) als neidvolles Substereotyp, das gleichzeitig mit hohem Status gepaart ist (Fiske et al. 2002);[2] Die Hausfrau (niedrige Kompetenz, hohe Wärme), was ein paternalistisches Substereotyp mit niedrigem Status darstellt.[3]

Diese Stereotype sind beim Umfeld, jedoch auch bei weiblichen Führungskräften selbst zu beobachten, wie auch die COO von Facebook, Sheryl Sandberg (2013), in ihrer autobiografischem Karriere-Bestseller Lean In bereits beichtete: „Internal obstacles hold women back."

---

[1]Die Konsistenz der Merkmale Wärme und Kompetenz für beide Geschlechter erklärt u. a. die Theorie der sozialen Rollen, wonach die Merkmale aus den typischen Berufs- und Familienrollen beider Geschlechter folgen (Conway et al. 1996).
[2]Neidvolle Frauenstereotype stellen aus männlicher Sicht eine Rechtfertigung für die Diskriminierung von Frauen dar: Frauen, die in traditionellen Männerberufen erfolgreich sind, werden z. B. als unfaire oder bedrohliche Konkurrentinnen empfunden; die Zuschreibung der emotionalen Kälte verstärkt diese Einschätzung (Eckes 2010).
[3]Durch paternalistische Substereotype werden Frauen dazu gebracht, in traditionellen Geschlechterrollen zu verharren. Da Männer durch diese Substereotype Frauen in ein angeblich positives Licht stellen, können sie sich als relativ unbeeinflusst von Sexismus empfinden und gleichzeitig bestehende Machtverhältnisse unangetastet lassen (Eckes 2010). Unter das genannte Substereotyp fällt auch der „Alpha-Softie".

Auswirkungen von Geschlechterstereotypen drastisch unterschätzt
Die Auswirkungen von Geschlechterstereotypen und anderen Spielarten des Unconscious Bias werden von den meisten Organisationen im Arbeitsalltag drastisch unterschätzt (Wondrak 2014). Menschen schließen allerdings von beobachteten Rollenverhalten direkt auf Eigenschaften der Rolleninhaber*innen, ohne zu bedenken, dass ihr Verhalten oft auf Rollenerwartungen zurückzuführen ist und nicht auf persönliche Eigenschaften. Auch selbsterfüllende Prophezeiungen spielen eine Rolle. Wird von einer Chefin erwartet, dass sie sich für klassisch weiblich konnotierte Themen wie Teambuilding oder Vereinbarkeit von Familie und Beruf einsetzt, ist es auch wahrscheinlicher, dass sie dies tatsächlich tun wird. Durch Geschlechterstereotype, die Männern vorschreiben, durchsetzungsfähig zu sein, während Frauen bescheiden agieren, wird das bestehende System am Leben erhalten: Männer erhalten soziale Unterstützung für Verhaltensweisen, die ihren Status und ihre Kompetenz unterstreichen, Frauen dagegen müssen mit sozialen Sanktionen rechnen, wenn sie sich „pushy" verhalten. Frauen haben somit zwar leichteren Zugang zu typisch „männlichen" Bereichen als umgekehrt, nehmen diese Chancen allerdings zu selten wahr und bleiben rollenkonform, um negative Konsequenzen, wie Gruppenausschluss oder üble Nachrede zu vermeiden (Reinhard et al. 2008), was als „Backlash-Effekt" im Exkurs behandelt wird.

Gerade Personen, denen Status besonders wichtig ist, sind am anfälligsten für Leistungseinbußen durch Stereotypenbedrohung (stereotype threat). Es beansprucht ihre gesamte Aufmerksamkeit, das Stereotyp nicht bestätigen zu wollen. Diese erhöhte Aufmerksamkeit verringert jedoch die Kapazität ihres Arbeitsgedächtnisses, die dann nicht mehr zur Verfügung steht, um an komplexen kognitiven Aufgaben zu arbeiten (Schmader 2010). Gerade gängige Selbst- und Fremdbezeichnungen wie *bossy oder Karrierefrau* gilt es, möglichst früh im Team anzusprechen und auszusortieren. Im Folgenden sollen die populärsten Geschlechterstereotype bezüglich Frauen in Führung rekapituliert werden und eine Reflexionsgrundlage für Handlungsmaßnahmen (Kap. 9) bilden.

Frauen in Führung müssen „nett" sein (das Heidi-Howard-Syndrom[4])

Eine kürzlich publizierte Studie der European School of Management and Technology in Berlin um Laura Guillén et al. (2018) untersuchte wiederholt den komplexen Zusammenhang zwischen Eigenschaftszuschreibungen und Geschlecht. Insgesamt 1200 Angestellte eines Softwareunternehmens bewerteten in der Untersuchung, wie selbstbewusst sie ihre 236-köpfige Belegschaft fanden – sowohl Männer als auch Frauen. Nach einem Jahr wiederholten die Befragten ihr Votum. Bei der Auswertung wurde ein interessanter Unterschied erkennbar: Männliche Kollegen wurden als selbstbewusst bewertet, sobald sie zuvor als kompetent eingeschätzt wurden. Kolleginnen dagegen wurden nur dann als selbstbewusst erachtet, wenn sie zuvor nicht nur als kompetent, sondern zusätzlich auch als sympathisch charakterisiert wurden. Bei der Bewertung von Männern hingen Kompetenz und Selbstbewusstsein also unmittelbar zusammen. Je kompetenter sie wirkten, desto selbstsicherer schienen sie. Daraus erwuchs natürlicherweise größerer Einfluss im Unternehmen, unabhängig vom Faktor Sympathie. Wurden Frauen hingegen von anderen nicht als sympathisch empfunden, gab es kaum einen Zusammenhang zwischen Kompetenz und Selbstbewusstsein. Dieses Ergebnis deutet darauf hin, dass die Leistungsbewertung bei Frauen bedeutend davon abhängt, ob sie auch sympathisch wirken. Während Männer von ihrer Kompetenz profitieren – unabhängig davon, ob sie gemocht werden oder nicht – müssen Frauen gemocht werden, um aus ihrem Wissen zu schöpfen. Sind sie nicht „nett", werden sie bisweilen sprachlich mit Wörtern *wie Karrierefrau, Mannsweib, Schreckschraube, Hexe* oder der Phrase *sie hat Haare auf den Zähnen* abgewertet. Erfolg und Sympathie korrelieren demnach positiv bei Männern, hingegen negativ bei Frauen, bereits wenn sie nur besonders qualifiziert ist (Sandberg 2013).

---

[4]Heidi Roizen ist eine erfolgreiche Risikokapitalgeberin im Silicon Valley, die Gegenstand einer Fallstudie an der Columbia Business School wurde. Die Hälfte der Klasse bekam eine Fallstudie mit Heidis Namen, die andere Hälfte dieselbe Fallstudie mit dem Namen Howard. Die Studierenden bewerteten Howard und Heidi als gleich kompetent, aber sie mochten Heidi – im Gegensatz zu Howard – nicht (Katsarou 2019).

Auch in geschäftlichen Verhandlungen bestätigt sich diese These: Verhalten, welches die monetären Ergebnisse von Verhandlungen erhöht, deckt sich in der westlichen Welt bislang stärker mit dem herrschenden männlichen Rollenbild. Frauen, die vom erwarteten weiblichen Rollenbild abwichen, wurden negativer bewertet (Sagner 2017).

Männer sind der Boss, Frauen sind bossy (die Karrierefrau)
Steigen Frauen auf, bedeutet dies rollenbedingt meist weniger Gemeinschaftsorientierung, was sich entgegen des weiblichen Geschlechterstereotyps verhält. Irritationen finden sich in diesen Fällen häufig nicht nur bei männlichen Kollegen, sondern auch bei Mitarbeiterinnen, die eine weibliche Vorgesetzte bekommen. Diese Reaktion wird gern als „weibliche Missgunst" tituliert und erleichtert den Nährboden für männlich dominierte Machtstrukturen, wie Journalistin Caroline Rosales in Zeit-Online (2018) erkennt.[5]

Weibliche Vorgesetzte werden daher häufig von beiden Geschlechtern als „bossy", „bissig" oder „eiskalt" beschrieben. Gerade das Wort *bossy* ist ein spannendes sprachliches Phänomen, da hier dieselbe Verhaltensweise, also weibliche und männliche Stärke, unterschiedlich bewertet wird, je nachdem, ob Männer oder Frauen sie ausüben. Bei Männern wird der beschriebene Sachverhalt zur glaubhaften Rolle („er ist der Boss"), bei Frauen wird er – was die Adjektivform anzeigt – zum bloßen Verhalten degradiert („sie ist bossy"). Auch die viel zitierte McKinsey-Studie Women in the Workplace (Huang et al. 2019) hat treffend das Problem beschrieben, dass viele Frauen in Führung die Erfahrung machen, buchstäblich „die einzige" Frau im Team zu sein – bei Frauen im oberen Management und in technischen Funktionen ist das doppelt so häufig der Fall wie in anderen Funktionen. Ihr Umfeld leidet somit unter einer Anpassungsstörung, die jedoch auch vom Individuum selbst ausgehen kann. Wird klassisches männliches (toxisches) Führungsverhalten unreflektiert kopiert, um eine eigene Führungsrolle zu schaffen, führt dies zur Überkompensation auf dem

---

[5]Die Psychologin Mechtild Erpenbeck (2004) geht in „Frauen und Konkurrenz" weiter auf das Missgunst-Phänomen ein. Auch der Begriff Mommy Wars erinnert sprachlich daran.

Kontinuum männlich-weiblich, die mit besonders hervorgehobener „Stärke" einhergeht (Contra-Stereotyp), und zu viel Unzufriedenheit im Team.

Apropos Stärke: Der Organisationspsychologe Tomas Chamorro-Premuzic, der vor allem in der Führungskräfteentwicklung arbeitet, stellt in seinem Buch über Leadership zu „Why Do So Many Incompetent Men Become Leaders?" (2019) die Frage, warum es so schwer für kompetente Menschen ist – besonders für kompetente Frauen – aufzusteigen. Selbstbewusstes Auftreten werde häufig als Zeichen von Kompetenz falsch interpretiert. Menschen glauben, dass selbstbewusste Personen bessere Führungskräfte sind. Diese Darstellung von Selbstkompetenz ist bei Männern meist besser ausgeprägt als bei Frauen, wodurch sie automatisch auch als führungskompetenter eingestuft werden.

Working Mums sind weniger ambitioniert (die Hausfrau)
Belastungsdruck, Unterforderung und Ausgrenzung sind bei der folgenden Gruppe, den arbeitstätigen Müttern *(working mums)*, von Bedeutung. 40 % der Mütter bekommen nach ihrem Wiedereinstieg unpassende Stellen, für die sie überqualifiziert sind (Hipp 2018). Dahinter verbirgt sich häufig das Denkmuster, Frauen mit Kindern seien weniger ambitioniert und fixierten sich ausschließlich auf ihre Kinder.[6] Dieses Stereotyp der „warmherzigen, aber beruflich inkompetenten Mutter" (Cuddy et al. 2004) setzt eine Unzahl von Frauen in Führungspositionen unter Druck. Für Frauen geht jede Art von Familiengründung bislang mit einer Abnahme des Einkommens einher, das sich durch niedrigere Renten bis ins Alter auswirkt (Steinlein 2019).

Weiterhin werden die Begriffe „Vereinbarkeit von Familie und Beruf" häufiger im Kontext des Wortes Frau* gefunden (im Vergleich

---

[6]Die Kleinfamilie mit der Mutter als alleinigen Bezugsperson für die Kinder, die den Hauptteil der Familienarbeit trägt, ist eine recht „moderne" Erfindung. Bis vor ca. 100 Jahren war automatisch die Großfamilie zuständig und die Kindererziehung auf mehrere Personen aufgeteilt. Durch die Konzentration auf eine Person wurde die Mutterrolle künstlich überhöht und Frauen bei Abweichung vom Idealbild zur Rabenmutter gemacht (Stamm 2018).

zu Mann/Männer). Der Business-Insider bestätigt dies unter der Auflistung folgender Stereotype über Mütter: Sie müssen Kinder haben und ihre Jobs kündigen; sie müssen die erste Betreuungsperson ihrer Kinder sein; sie werden stärker verurteilt, wenn sie ihre Meinung äußern; sie müssen über gute Soft Skills verfügen; sie werden weiterhin als zweitrangig, nach ihren Ehemännern, eingestuft; sie werden mehr nach ihrem Äußeren beurteilt als Männer; sie werden schwächer als ihre (männlichen) Kollegen wahrgenommen (Feloni 2014).

Um ihren extrem dichten Alltag zu bewältigen, gehen berufstätige Mütter oft bis an die Grenze der Selbstaufgabe, wie die Working-Mums-Studie des Rheingold-Instituts feststellte (P&G 2017). 51 % der Frauen erledigen Dinge lieber selbst, als mit dem Partner darüber zu verhandeln. 69 % haben das Gefühl, neben der Mutter- auch noch die Vaterrolle zu übernehmen und 32 % fühlen sich trotz Partner alleinerziehend. Einige Studien belegen zudem, dass Frauen schlechter in ihrer beruflichen Arbeit bewertet wurden, wenn sie Mütter waren (Correll et al. 2007; Cuddy et al. 2004). Das Netzwerk MomPreneurs für selbstständige Mütter setzt genau hier an, um ein neues Bild von arbeitenden Frauen mit Kindern zu präsentieren (u. a. mit den Crazy Mompreneurs-Portraits). Mütter sind eine der meist unterschätzten Ressourcen in der Wirtschaft. Paradoxerweise wird ihr organisationales Multi-Tasking-Talent (die bereits beschriebene „Chaos-Kompetenz"), das sie zu den idealen Managerinnen macht, die auch in Stresssituationen den Überblick und einen kühlen Kopf bewahrt, im Arbeitsumfeld kaum wertgeschätzt. Dass in Familien mit Kindern oder Pflege aber auch offener über eine Gleichberechtigung in puncto Arbeitsteilung geredet werden muss, wird in Kap. 9 aufgegriffen.

Frauen und Männer sind doch längst gleichgestellt (Negierung des Status-Quo)
Neben den genannten Geschlechterstereotypen finden sich auch weitere Pauschalargumente, die im Kontext des Diskurses um Frauen in Führung permanent genannt werden, welche die Allbright Stiftung (2019) im Führungsfrauen-Floskel-Bingo trefflich zusammenfasst:

1. „[…] Gleichstellung hat keine betriebswirtschaftlichen Vorteile."
2. „[…] Wirtschaft ist nichts für Frauen."
3. „[…] es gibt doch gar kein Problem."
4. „[…] die Frauen sind selbst schuld. Sie verhalten sich falsch."

Diese Argumente können rational relativ schnell widerlegt werden, denn es wurde bereits herausgearbeitet, dass

1. Unternehmen, die eine gendergemischte Führung aufweisen, nachweislich profitabler, innovativer und weniger riskant agieren.
2. Studierendenzahlen der vergangenen Jahre beweisen, dass circa 50 % der BWL-Absolvierenden weiblich sind. Der Grund, weshalb weniger Frauen in Führungspositionen arbeiten, ist nicht die fehlende wirtschaftliche Bildung, sondern vor allem strukturelle Ungleichheit.
3. es durchaus ein strukturelles Problem gibt, das spätestens nach der Lektüre dieses Buches umrissen ist.
4. sich Schuldzuweisungen meist als gegenstandslos herausstellen, sobald Unternehmen flexiblere Strukturen und eine genderneutrale Unternehmenskultur geschaffen haben.

Geschlechterrollen als lebensbestimmend?
Geschlechterstereotype und dichotome Denkweisen sind, bei aller Kritik, natürliche Vorgänge innerhalb der menschlichen Kognition, die auch hilfreich sein können, um Komplexität zu reduzieren. Es kommt allerdings darauf an, diese Denkmuster in den richtigen Momenten angemessen aufzubrechen. Weicht eine Situation vom bisherigen männlich geprägten Wissen um Führung ab, stellt dies das etablierte Kategoriensystem infrage. Menschen reagieren darauf häufig mit Angst oder Ablehnung. Dies erklärt auch die häufig beschriebene Unsicherheit im Umgang mit Frauen in Führung, die bis heute bei vielen Mitarbeiter*innen beobachtbar ist. Je nachdem, wie groß die persönliche Bereitschaft ist, Neuartigkeit zu akzeptieren (Ambiguitätstoleranz), können neue Führungspersonen oder -methoden schneller akzeptiert

werden. Wie diese Entscheidung ausfällt, hängt stark vom persönlichen, organisationalen und medialen Umfeld eines Menschen ab (Burel 2018). Derzeit zeigt sich der Trend, dass Frauen an die Spitze kommen, wenn Männer ein Unternehmen wirtschaftlich ruiniert haben oder kein männlicher Bewerber das Risiko übernehmen will. 2019 war dies beim kriselnden Stahl- und Aufzugkonzern Thyssen zu beobachten: Die Aufsichtsratsvorsitzende Martina Merz wurde übergangsweise zur Vorstandsvorsitzenden gewählt. Einen Tag vor ihrer Ernennung musste Thyssen wegen mangelnder Performance den Leitindex DAX-30 verlassen. Bei Renault rückte 2019 die Französin Clotilde Delbos an die Spitze des strauchelnden Autokonzerns, dessen ehemaliger CEO Carlos Ghosn wegen Untreue in der Kritik gestanden war. Sobald die hemmende Rolle von Geschlechterstereotypen in Bezug auf Frauen in Führung sowohl von Männern als auch von Frauen erkannt wird, sind größtenteils Vorteile im Bereich der Effizienz, des Umsatzes, der Kommunikation und der mentalen Gesundheit aller Beteiligten in einer Organisation zu erwarten. „Gender Balance" als wichtigen strategischen Erfolgsfaktor erkannte auch die Versicherungsgesellschaft Allianz nach der Krise und führte diverse Leadership-Developmentprogramme ein. Wie dieser Übergang mittels des Instrumentariums der Sprache begonnen werden kann, zeigt das nächste Kapitel.

Exkurs: Gefährlicher Backlash-Effekt für Frauen in Führung
Der sogenannte Backlash-Effekt bezeichnet die wirtschaftlich oder sozial negative Auswirkung, die durch die Verletzung von stereotypen Erwartungen entsteht. Frauen werden für dominantes Führungsverhalten „bestraft", denn eine weibliche Führungskraft wird dadurch weniger gemocht oder für selbstsüchtig gehalten. Dies bringt Frauen in Führungspositionen in ein echtes Dilemma. Sympathie am Arbeitsplatz spielt unbestritten eine wichtige Rolle, denn Mitarbeiter*innen müssen als fähig und sympathisch wahrgenommen werden, um überhaupt in Führungspositionen zu kommen – Kompetenz allein reicht nicht aus. Frauen in Führung erfahren häufig Ablehnung und Feindseligkeit ihres Arbeitsumfeldes, was für sie konkrete wirtschaftliche Folgen haben kann, wie ein geringeres Gehalt oder geringere Chancen auf eine weitere Beförderung (Salwender und Schöl 2019). Auch Männer sind vom

Backlash-Effekt betroffen: Sie werden als weniger sympathisch wahrgenommen, wenn sie sich beispielsweise bescheiden geben, da dies eher weiblich konnotiert ist (Moss-Racusin et al. 2010).

Der Backlash-Effekt kann bei Frauen reduziert werden, wenn kooperatives Verhalten („weiblich") mit Durchsetzungskraft („männlich") kombiniert wird, was wieder auf den kooperativen Führungsstil bzw. transformationale Führung zurückweist (Kap. 2 und 3). Dies birgt jedoch noch eine andere Gefahr: Ein doppelter Standard kann entstehen, der für Frauen, aber nicht für Männer gilt. Um in einer Führungsposition als effektiv wahrgenommen zu werden, müssen Frauen „männliche" und „weibliche" Führungsqualitäten aufweisen. Bei Männern dagegen reichen für eine positive Bewertung der Führungseffektivität nur „männliche" (Johnson et al. 2008).

> **Ihr Transfer in die Praxis**
>
> - Geschlechterstereotype gegenüber Frauen in Führung im Team offen ansprechen und reframen (inkl. Negierung des Status-Quo).
> - Multitasking-Fähigkeiten von Working Mums wertschätzen und dementsprechend einsetzen.
> - Backlash-Effekt beachten und frühzeitig durch Gespräche oder Befragungen aufspüren.

Literatur

AllBright Stiftung gGmbH (2019): Entwicklungsland. Deutsche Konzerne entdecken erst jetzt Frauen für die Führung. Bericht der AllBright Stiftung, September 2019.

Burel, Simone (2018): Sprache denkt female. E-Book. Verfügbar unter https://drfemfatale.de/e-book/ (letzter Zugriff: 10.01.20)

Chamorro-Premuzic, Tomas (2019): Why Do So Many Incompetent Men Become Leaders? (And How to Fix It). Boston: Harvard Business Review Press.

Conway, Michael; Pizzamiglio, M. Teresa und Lauren Mont (1996): Status, Communality and Agency: Implications for Stereotypes of Gender and Other Groups. In: Journal of Personality and Social Psychology 71. S. 25–38.

Correll, Shelley J.; Benard, Stephen und In Paik (2007): Getting a Job: Is There a Motherhood Penalty? In: American Journal of Sociology 112(5). S. 1297-1338.
Cuddy, A. J. C.; Fiske, S. T. und P. Glick (2008). Warmth and competence as universal dimensions of social perception: The stereotype content model and the BIAS map. In: Advances in Experimental Social Psychology 40. S. 61–149.
Cuddy, A. J. C.; Fiske, S. T. und P. Glick (2004): When Professionals Become Mothers, Warmth Doesn't Cut the Ice. In: Journal of Social Issues, 60(4). S. 701–718.
Eagly, Alice und Linda L. Carli (2007): Women and the Labyrinth of Leadership. In: Harvard Business Review, September 2007. https://hbr.org/2007/09/women-and-the-labyrinth-of-leadership (letzter Zugriff: 10.01.20)
Eckes, Thomas (2010): Geschlechterstereotype: Von Rollen, Identitäten und Vorurteilen. In: Ruth Becker (Hrsg.): Handbuch Frauen- und Geschlechterforschung: Theorie, Methoden, Empirie. 3. Auflage. Wiesbaden: VS Verlag für Sozialwissenschaft. S. 179.
Erpenbeck, Mechtild (2004): „Stutenbissig"?! – Frauen und Konkurrenz: Ursachen und Folgen eines missachteten Störfalls. In: Wirtschaftspsychologie aktuell 1/2004. S. 20.25.
Feloni, Richard (2014): The Seven Worst Stereotypes Professional Women Face. In: Business Insider, 21.03.14. https://www.businessinsider.com/worst-stereotypes-of-professional-women-2014-3?IR=T (letzter Zugriff: 10.01.20)
Fiske, S. T.; Cuddy, A. J.C.; Glick, P. und Jun Xu (2002): A Model of (often Mixed) Stereotype Content: Competence and Warmth Respectively Follow from Perceived Status and Competition. In: Journal of Psychology and Social Psychology 82. S. 878–902.
Glick, Peter und Susan Fiske (1996): The Ambivalent Sexism Inventory: Differentiating Hostile and Benevolent Sexism. In: Journal of Personality and Social Psychology 70(3). S. 491–512.
Guillén, Laura; Mayo, Margarita und Natalia Karelaia (2018): Appearing self-confident and getting credit for it: Why it may be easier for men than women to gain influence at work. Human Resource Management 57. S. 839–854.
Hipp, Lena (2018): Rabenmütter, tolle Väter. Frauen schaden kurze und lange Elternzeiten bei ihrer Karriere – Männern nicht. In: WZB-Mitteilungen Nr. 161. S. 28–30.

Huang, Jess; Krivkovich, Alexis; Starikova, Irina und Delia Zanoschi (2019): Women in the Workplace 2019. McKinsey & Company, Oktober 2019. https://www.mckinsey.com/featured-insights/gender-equality/women-in-the-workplace-2019# (letzter Zugriff: 15.04.20)
Johnson, S. K.; Elaine, S.; Zewdie, S. und R. J. Reichard (2008): The strong, sensitive type: Effects of gender stereotypes and leadership prototypes on the evaluation of male and female leaders. In: Organizational Behavior and Human Decision Processes 106. S. 39–60.
Katsarou, Maria (2019): Women and the Leadership Labyrinth. Howard vs. Heidi. In: Leadership Psychology Institute, 20.02.19.
Kimmel, Michael (2015): Angry White Men. Die USA und ihre zornigen Männer. Zürich: Füssli.
Kimmel, Michael (1996): Manhood in America: A Cultural History. New York: Free Press.
Knef, Hildegard (2008): Der Geschenkte Gaul. Bericht aus einem Leben. Hamburg: Verlag Edel Edition.
Lakoff, Robin (1975): Language and Women's Place. Harpercollins College.
Moss-Racusin, C. A.; Phelan; J. E. und L. A. Rudman (2010): When men break the gender rules: Status incongruity and backlash against modest men. In: Psychology of Men & Masculinity 11. S. 140–151.
Procter & Gamble Germany GmbH (2017): Working Mum Studie 2017. Studie des rheingold Instituts und P&G, 27.04.17. https://www.presseportal.de/pm/13483/3622154 (letzter Zugriff: 10.01.20)
Reinhard, M. A., Stahlberg, D., & Messner, M. (2008): Failure as an asset for high-status persons - Relative group performance and attributed occupational success. Journal of Experimental Social Psychology, 44, S. 501–518.
Rosales, Caroline (2018): Die ewige Missgunst. In: ZEIT Online, 31.01.18. https://www.zeit.de/kultur/2018-01/gleichberechtigung-metoo-frauen-solidaritaet-10nach8/komplettansicht (letzter Zugriff: 10.01.20)
Rump, Jutta et al. (2015): HR-Report 2014/2015 – Schwerpunkt Führung. Eine empirische Studie des Instituts für Beschäftigung und Employability IBE im Auftrag von Hays für Deutschland, Österreich und die Schweiz.
Sagner, Franziska: (2017): So, und jetzt zum Geschäftlichen! Wer verhandelt besser – Frauen oder Männer? In: Gesellschaft für empirische Organisationsforschung, 01.09.17, http://gfeo.de/2017/09/wer-verhandelt-besser-frauen-oder-maenner/ (letzter Zugriff: 10.01.20)
Salwender, Mona und Christiane Schöl (2019): Der Frauen Leid, der Männer Freud: Geschlechtsstereotype im Führungskontext. In: The Inquisitive Mind, Ausgabe 1/2019. https://de.in-mind.org/article/der-frauen-leid-der-

maenner-freud-geschlechtsstereotype-im-fuehrungskontext?page=2 (letzter Zugriff: 02.01.20)

Sandberg, Sheryl (2013): Lean In: Women, Work, and the Will to Lead. New York: Knopf.

Schmader, Toni (2010): Stereotype Threat Deconstructed. In: Current Directions in Psychological Science 19(1). S. 14–18.

Stamm, Margrit (2018): Neue Väter brauchen neue Mütter. Warum Familie nur gemeinsam gelingt. München: Piper.

Steinlein, Eva (2019): So emanzipiert sind Europas Frauen: Große Unterschiede in der Gleichberechtigung. In: Deine Korrespondentin, 15.08.19. https://www.deine-korrespondentin.de/so-emanzipiert-sind-europas-frauen/ (letzter Zugriff: 18.12.19)

Tannen, Deborah (1991): Du kannst mich einfach nicht verstehen. Warum Männer und Frauen aneinander vorbeireden. Hamburg: Ernst Kabel Verlag.

Wondrak, Manfred (2014): Unconscious Bias Definition. In: Anti-Bias – Info-Plattform zu Forschungen über und Strategien gegen unbewusste Vorurteile (Unconscious Biases), 28.12.14. https://www.anti-bias.eu/unconsciousbias/definition/ (letzter Zugriff: 10.01.20)

6
Sprache der Führung – Wörter ändern Mindsets

The world cannot be understood without numbers.
And it cannot be understood with numbers alone.
(Hans Rosling)

> **Was Sie aus diesem Kapitel mitnehmen**
> - Sprache und Führung stehen miteinander in Verbindung.
> - Es gibt weibliche und männliche Tendenzen des Sprachgebrauchs.
> - Es erhalten einen Überblick zu gendergerechter Sprache und Schreibkonventions-Mythen.
> - Stellenanzeigen sollen neutral verfasst werden (siehe Checklisten).
> - Gendergerechtes Recruiting ist mit und ohne KI möglich.

Ein Großteil von Führungstätigkeiten ist sprachlicher Natur, z. B. Anweisen, Delegieren oder das Durchführen von Meetings oder Telefonaten. Führung ist daher – basal gesehen – eine Kombination von Sprechen, Schreiben und Zuhören (durch Sprechen und Schreiben).

Rosling 2018.

© Der/die Herausgeber bzw. der/die Autor(en), exklusiv lizenziert durch Springer-Verlag GmbH, DE, ein Teil von Springer Nature 2020
S. Burel, *Quick Guide Female Leadership*, Quick Guide,
https://doi.org/10.1007/978-3-662-61303-0_6

Die Sprache der Führungskräfte wiederum ist ein Seismograf ihrer Persönlichkeit, ihres Führungsstils und der jeweiligen Organisationskultur. Beispielsweise verwenden kooperativ Führende seltener direkte Befehle („Besprich das bitte mit XY"), sondern eher modalisierende Fragen („Kannst das mit XY besprechen?"), um eine Möglichkeit des Dialogs anzubieten. In diesem Kapitel soll es darum gehen, wie Frauen in Führung Sprache nutzen (Mikroebene) sowie über sie gesprochen wird (Diskursebene), was in Kap. 5 mittels der Bezeichnungen Karrierefrau oder Working Mum schon angerissen wurde.

Vorständin, Chefin, Leiterin – der Gebrauch dieser Wörter hat in den letzten Jahren rapide zugenommen und deutet damit an, dass Menschen sich mit dem Thema Female Leadership befassen (müssen) beziehungsweise mehr und mehr damit konfrontiert werden. Seit 2012 ist das Wort *Vorständin* offiziell im Duden aufzufinden, was bedeutet, dass es eine kritische Wortfrequenz überschritten hat und nun als Allgemeingut gelten darf. Auch diverse Wortneuschöpfungen implizieren, dass Frauen sich selbst mehr und mehr in das Konzept Führung integrieren, da Sprache Realität dokumentiert und zugleich wiederum konstruiert (Burel 2017):

- Zusammenziehungen *(womanomics, femtech, femconsult, fempreneur, hercareer, herjob, mompreneur, sheconomy, sheboss, sheworks)*
- Zusammensetzungen mit *women* *(Digital Media Women, Business and Professional Women, McKinsey Women, Women in Tech)*

Wird über Frauen jedoch in Gebrauchstexten wie Empfehlungsschreiben gesprochen, ändert sich die Sprachverwendung – unabhängig vom Geschlecht des Autors oder der Autorin (Schmader et al. 2007). Empfehlungsschreiben für Stellen an Universitäten zeigten beispielsweise deutliche Geschlechtereffekte, wie in Abschn. 4.3 beschrieben: Wurde ein Mann empfohlen, wurden mehr „standout-Wörter" (z. B. *einzigartig, herausragend*) genutzt, bei Frauen stärker die Betonung sozialer Aspekte *(loyal, teamfähig)*. Schreibsituationen müssen diesen Gender Bias sehr viel stärker berücksichtigen wie auch stereotype Wortverwendungen (*Karrierefrau* etc.) aussparen.

6 Sprache der Führung – Wörter ändern Mindsets

Parlo, ergo sum – Ich spreche, also bin ich
Gerade die gesprochene Sprache reguliert Verhalten und Bewusstsein besonders stark, was vor allem in emotional anspruchsvollen Führungssituationen bedeutsam wird. Vermehrt wurden in Forschung und Praxis geschlechtstypische Gesprächsstile beschrieben, die durchaus kritisch hinterfragt wurden: „Männer kämpfen. Frauen kooperieren" (Helweg-Larsen et al. 2004). Marion Knaths (2009) spricht diesbezüglich von horizontaler Kommunikation bei Frauen, die redeten, um Gemeinsamkeiten herzustellen, während Männer eher vertikal sprächen, um sich zu positionieren und mit anderen zu messen. Durch gesprächslinguistische Untersuchungen publik gemacht, sind es vor allem drei sprachliche Bereiche, die häufiger bei Frauen beobachtet wurden und emotionale Agilität und Kooperation im Gespräch sprachlich stützen:

- Informationsverknüpfung: Frauen sorgen für den roten Faden im Gespräch und stellen Beziehungen zu Vorredner*innen her *(wie wir gerade gehört haben, wie X gesagt hat)*. Dies ist ein Akt der Wertschätzung durch Resonanz des Gesagten. Minimalbestätigungen am Satzende *(ja? und Das wollten Sie sagen, oder?)* sind Kooperationsangebote, um die Einverständniserklärung des Gegenübers einzuholen.
- Perspektivenvalidierung: Die Methode des Fragen-Stellens *(Was halten Sie davon? Was würden Sie tun?)* wurde häufiger für weibliche Kommunikation beschrieben, wodurch dieser Perspektiven oder Meinungen eingebunden wurden. Frauen sprechen ein breiteres Spektrum an Themen an, was unterschiedliche Stakeholder*innen-Perspektiven integriert (Kramer et al. 2006).
- Beziehungsarbeit: Frauen nutzen häufiger Weichmacher *(eigentlich, vielleicht, ich denke, ich würde)*. Dies sind, wenn sie nicht zu frequent genutzt werden, sprachliche Schutzhandlungen zur Gesichtswahrung (face saving[1]), um das Gegenüber nicht in einem schlechten Licht

---

[1]Innerhalb der Soziologie beschrieb Erving Goffman solche Strategien bereits in den 60er Jahren als face-saving-Strategien, um das gewünschte öffentliche Selbstbild eines Individuums in sozialer Interaktion mit anderen aufrechtzuerhalten und nicht anzugreifen (Goffman 1969).

dastehen zu lassen oder vor Kritik zu schützen. Hierzu gehört auch die klassische Entschuldigung, die in längeren Geschäftsbeziehungen beziehungsfestigend wirkt.

Soziale Unterstützung und ein kooperativer Kommunikationsstil sind auch laut der Sprachwissenschaftlerin Helga Kotthoff (2006) klassische feminine Verhaltensweisen, was sich auch beim Thema Humor zeigt. Frauen scherzen eher über geteilte Enttäuschungserfahrungen, über das Umgehen mit schwierigen Personen und über das Überwinden von Hindernissen, um diese negativen Erfahrungen zu verarbeiten (Kotthoff 2006). Männer dagegen machten aktiv Scherze und brächten andere zum Lachen, wodurch sie die Situation kontrollierten, was mit einem hohen hierarchischen Status einhergehe. Männer in Führung tendierten zu humorvollen Attacken, also zum Duellieren. Es schadet Frauen in Führung sicherlich nicht, sich (humorvoll) klarer zu positionieren. Dabei gilt etwa, das Gesprächsrecht aktiv für sich einzufordern, indem (natürliche) Redepausen genutzt werden, die z. B. an jedem Satzende entstehen. Hier können Positionen bezogen (Ich habe dazu auch noch einen Einwand…) und Themen gesetzt werden (Was haltet ihr von der Väterzeit?).

Allerdings sind „humorvolle Duelle" wenig wert, wenn Anleitung, Delegation oder Prozesskontrolle weitgehend nur von der Führungskraft in Richtung des Teams ausgeübt werden und nicht vice versa. Das Sprechen nach dem monologischen und machtasymmetrischen Prinzip, wie das Wort mansplaning[2] andeutet, integriert nicht die wertvollen Rückkopplungsschleifen durch Zuhören, Aussprechen-Lassen und Nachfragen, welches die Verarbeitung komplexer Informationen benötigt. So verbringen Führungskräfte bis dato etwa 30–50 % ihrer Arbeitszeit damit, Missverständnisse, Konflikte und deren Konsequenzen (vergessene bzw. doppelte Arbeit) zu lösen, die durch

---

[2] „Auch wenn der größere Teil unserer Gesellschaft kein Interesse an feministischen Themen zeigt und ein anderer Teil sich in sozialen Netzwerken mit Händen und Füßen dagegen wehrt, weiß allmählich auch die Mehrheit der Nicht-Feminist*innen, was Gender Pay Gap oder Mansplaining bedeuten" (Sahin 2019).

nicht vorhandene Rückkopplung entstanden sind. Circa 12 % der Arbeitszeit werden so mit ineffizienter Kommunikation vergeudet und Unternehmen verlieren dadurch rund 5 Mio. €/Jahr (ca. 9000 €/ Mitarbeiter*in) (Webtorials 2017). Einen dialogischen Kreislauf der Informationsperspektivierung, den Frauen durch ihr sprachliches Verhalten meist besser beherrschen, führt dagegen zu einem Hinterfragen und Einfühlen in Einzelpersonen, was insgesamt ein tieferes (Prozess-)Verständnis ermöglicht. Warum diese Fähigkeit in digitalen Welten unabdingbar werden wird, verdeutlicht Kap. 7.

Fembrace your voice
Merkmale wie Geschlecht, aber auch Alter und Befindlichkeit, lassen sich an der menschlichen Stimme ablesen. Es bestehen offensichtliche physiologische Unterschiede zwischen männlichen und weiblichen Führungspersonen, da der Kehlkopf bei Männern und Frauen unterschiedlich gelegen ist (Kotthoff und Nübling 2018). Aber auch aufgrund von Erziehung und Mediensozialisation haben viele Frauen es sich angewöhnt, höher als notwendig zu sprechen. In den vergangenen zwanzig Jahren lagen die Frauenstimmen noch eine ganze Oktave (8 Tone) über den Männerstimmen.

Derzeit lässt sich ein rückläufiger Trend beobachten: Radio- oder TV-Moderatorinnen haben durch Stimmtrainings häufig bereits erlernt, bis zu einer Terz (3 Töne) tiefer zu sprechen. Diese Entwicklung belegt auch eine Studie des Sprechwissenschaftlers Michael Fuchs vom Universitätsklinikum Leipzig (2015), bei der 2500 Personen abseits der Medien untersucht wurden: Der Unterschied betrug dabei nur noch eine Quinte (5 Töne). Die Männerstimmen veränderten sich dagegen nicht. Weder konnten als Ursache hormonelle Veränderungen, noch Einfluss von Zigarettenkonsum gefunden werden. Die Forscher*innen vermuten daher eine soziologische Erklärung, da die „helle Piepsstimme" nicht mehr mit einem modernen Rollenbild der Frau vereinbar sei.

Die weibliche Stimmveränderung wird als Beweis der Geschlechterrollenänderung bei Frauen und ihrer Emanzipation gedeutet (Wüstenhagen 2013). Gerade in Führungssituationen ermöglicht ein gezieltes Einsetzen von Stimme und Körpersprache, gepaart mit authentischem Auftreten, die individuelle Gestaltung und Gewichtung der Inhalte, die zum Ausdruck gebracht werden möchten.

Auch medizinisch gesehen, schadet zu langes Sprechen in einer unnatürlich hohen Tonlage der Stimme und die Stimmbänder werden unnötig angestrengt. Dadurch klingen (insbesondere weibliche) Stimmen schnell dünn und angestrengt, machen unangenehme und ungewollte Höhensprünge. Um als Führungskraft eine Vision zu vermitteln, ist es auf jeden Fall ratsam, sich mit der Wirkung der eigenen Stimme auseinanderzusetzen. Hierzu helfen Stimmtrainings oder kleine Übungen vor längeren Vorträgen oder Meetings. Die Linguistin Clara Herdeanu (2019) empfiehlt dazu, eine Hand auf den oberen Brustkorb zu legen und langsam anzufangen, entspannt zu summen. Sobald der Ton steht, langsam immer tiefere Töne summen – gerne auch mit Variationen in der Lautstärke – und dabei stets versuchen, ein Vibrieren im Brustkorb und an der Hand zu spüren. Hilfreich ist auch ausgiebiges Gähnen im Vorfeld. Konservative Kräfte befürchten – wie immer – eine „Vermännlichung" von Frauen in Führungspositionen, die sich mehr und mehr dem männlichen Pol anpassten.[3]

Die Mannschaft und den Mann stehen – gespeichertes Wissen in Metaphern

Sehr viel Spracharbeit in der Führung läuft auch über die metaphorische Kommunikation – Sprachbilder, die helfen, abstrakte Inhalte konkret zu veranschaulichen (Lakoff und Johnson 2011). Wann immer Menschen ein Wort vernehmen, wird kognitiv ein gewisser metaphorischer Rahmen dazu aktiviert. Gerade aus dem Sport wird gern das Bild der *Mannschaft,* die der *Captain* zusammenhält, verwendet – Führung als abstrakter Sachverhalt wird daher konkret anhand der Regeln einer Sportmannschaft erklärt, die Menschen aus ihrer eigenen Lebenswelt kennen und schnell verstehen können. Da Führungskräfte lange Zeit nur Männer waren *(Mannschaft),* ist dieses Bild eine legitime Adaption historischer Wirklichkeit, bereitet jedoch

---

[3]„Die Fraulichkeit geht verloren", wurde auch schon zu Zeiten Simone de Beauvoirs (2009) gewarnt.

heute zunehmend Probleme, da über das Sprechen Denkstrukturen aufrechterhalten werden, die Frauen daran hindern, als Führungskräfte gesehen und anerkannt zu werden. Metaphern kondensieren klassische Geschlechterstereotype oft in einem Wort (Burel 2018). Viele Wörter, die täglich unbedacht im Office Talk verwendet werden, reproduzieren die Vorstellung von männlicher Führung und dahinter stehender Geschlechterstereotype, z. B. *Mannschaft, Manneskraft, Manntage, seinen Mann stehen* oder *Manpower.* Dieser Male Bias kann durch eine reflektiertere Sprachbenutzung angegangen werden. Es ist Zeit für Humanpower!

6.1 Gender(un)gerechte Sprache und ihre Folgen

Das Thema Female Leadership hängt unmittelbar mit gendergerechter Sprache zusammen. Gendergerechte Sprache bezieht sich auf einen Sprachgebrauch, der die Gleichstellung der Geschlechter zum Ausdruck bringt: in Vokabular, Orthografie und Grammatik (Kotthoff und Nübling 2018). Genderneutrale Sprache versucht dabei, auf Geschlechtsmarkierungen komplett zu verzichten. Diverse Studien aus der Genderlinguistik und der Psychologie (z. B. Vervecken und Hannover 2012) zeigen, dass gedanklich bei nicht gegenderten Formulierungen wie *Mitarbeiter* oder *Chef(s)* zu großen Teilen an Männer gedacht wird. Menschen lernen zwar in ihrer sprachlichen Sozialisation, dass das generische Maskulinum *(die Mitarbeiter)* vermeintlich alle Gruppen von Personen umfasst, wie auch gern in Fußnoten beschrieben wird. Kognitionspsychologische Untersuchungen, bei denen anhand der Reaktionszeiten betrachtet wurde, wie Menschen mit sprachlichen Informationen umgehen, beweisen allerdings, dass eine viel komplexere kognitive Operation vorgenommen werden muss, um tatsächlich beide Geschlechtergruppen unter dem Wort *Mitarbeiter* aufzurufen. Es ist dagegen sehr viel wahrscheinlicher, dass das Gehirn den geringeren Aufwand wählt und nur männliche Personen fokussiert (Kotthoff und Nübling 2018).

Durch die tägliche eigene und medial suggerierte Sprachbenutzung fällt die überwiegend männliche Fokussierung (Male Bias) nicht immer bewusst auf. Gerade in der (professionellen) Kommunikation bei der Bezeichnung von Personen-, Funktions- und Amtstiteln (*Manager, Referent, Koordinator* etc.) muss dringend mehr Gendergerechtigkeit eingeführt werden – dies beginnt bei der Visitenkarte und endet in der E-Mail-Signatur. Texte (und im Idealfall auch die mündliche Sprache) müssen nach spezifischen Richtlinien bearbeiten werden, um Führungsfrauen konsequent in der Sprache sichtbar zu machen. Frauen wurden beispielsweise dann mitgedacht, wenn beide Geschlechter *(Chefärzte und -ärztinnen, Mitarbeiter/innen)* oder nur die weibliche Form genutzt wurden, wie 2009 in der Studie „Können Geophysiker Frauen sein?" und in vielen Folgestudien nachgewiesen wurde.[4] Personalentscheider*innen stellen Frauen zudem eher ein, wenn die zur Rekrutierung verwendete Stellenanzeige genderneutral formuliert war. Neuere Ergebnisse (Horvath und Sczesny 2016) kommen übrigens zu dem Befund, dass Frauen, Queers und LGBT sich durch Beidnennung *(Mitarbeiterinnen und Mitarbeiter),* den Gender-Star *(Mitarbeiter*innen)* oder die neutrale Formulierung *(Mitarbeitende)* eher angesprochen fühlen, als bei der neuerdings genutzten Klammerschreibweise (m/w/d). Für Männer wurde kein Unterschied gefunden (Hentschel und Horvath 2015; Gaucher et al. 2011).

Von Sternchen und Strichen
Gerade innerhalb der orthografischen Varianten gendergerechter Sprache findet sich viel Uneinheitlichkeit und Unsicherheit in Organisationen. Wurde in den 80er-Jahren noch das Binnen-I (Binnenmajuskel) als Zeichen der Emanzipation gefeiert, ist heute bekannt,

---

[4]Selbst wenn das generische Maskulinum nicht bewusst auffällt, hat es dennoch Einfluss auf die unbewusste Wahrnehmung und die inneren Bilder, die vor dem geistigen Auge entstehen, wie das Chefarzt-Rätsel (https://www.youtube.com/watch?v=VPBlFZGWYy0) illustriert (TU Ilmenau 2012). Das Video beschreibt in einer alltäglichen Krankenhausgeschichte in der Notaufnahme, dass Menschen durch die maskuline Form automatisch auf eine männliche Person geprimed werden und sich dann im Verlauf des Videos wundern, dass der Chefarzt in diesem Fall „weiblich" ist.

dass dies zu einem Female Bias führt (Heise 2000). In den 90er Jahren wurden vor allem Schrägstrich- und Klammerschreibweisen genutzt, die auch heute noch gelten. Schrägstrichschreibweisen deuten eine Gleichverteilung weiblicher und männlicher Referenten an. Die konsequente Beidnennung *Mitarbeiterinnen und Mitarbeiter* wird allerdings häufig als schwerfällig und schlecht lesbar kritisiert, doch leiden weder Qualität noch Verständlichkeit von Texten darunter (Dermarmels und Schaffner 2011; Braun et al. 2007). Als modernste Schreibweisen gelten Gender-Star (*) und Gender-Gap (_). Organisationen, die diese Schreibweisen nutzen, wurden in Untersuchungen als progressiver und nicht-sexistisch eingeschätzt. Auch andere Geschlechter, neben der Binarität aus weiblich und männlich, sollen sich zugehörig fühlen, was Stern und Strich symbolisieren (Horvath und Sczesny 2016). Aus der Psychologie gibt es dagegen Empfehlungen, weiterhin mit der Beidnennung (z. B. *Ingenieur/Ingenieurin*) zu arbeiten, da die binären[5] geschlechtlichen Codierungen männlich/weiblich omnipräsent und Stern oder Unterstrich für Menschen derzeit noch zu unvertraut seien (Wulf 2019). Relativsätze oder Passivkonstruktionen machen es darüber möglich, die geschlechtliche Perspektive aus einer Aussage gänzlich zu entfernen. Nochmals: Die Erinnerungsleistung für Informationen im Text als objektives Kriterium der erfolgreichen Informationsverarbeitung nimmt durch das Gendering nicht ab, was konsequente reaktionäre Sprachpurist*innen jedoch nicht davon abhält, Falschinformationen zu verbreiten. Im öffentlichen Dienst ist die Verwendung gendeneutraler Formen vielerorts inzwischen Pflicht und das Binnen-I nicht erlaubt. Gemäß des Europarechts müssen auch Stellenanzeigen gendeneutral formuliert sein, die Umsetzung bleibt aber der Organisation überlassen (z. B. m/w/d, m/w/i etc.).[6] Der Trend geht in

---

[5]Die sogenannte „Heteronormativität" erscheint in Folge des kulturellen und literarischen Gedächtnisses natürlich, wirkt unbewusst und ist breit institutionalisiert. Menschen, die sich nicht in das binäre Geschlechtermodell einordnen können oder wollen, sehen sich beruflich mit großen Vorurteilen konfrontiert (Villa 2006; Kessler und McKenna 1978).
[6]Eine Entscheidung des Bundesgerichtshofes sorgte 2018 für Aufruhr: Die Verwendung des generischen Maskulinums in Vordrucken und Formularen verstößt demzufolge nicht gegen das AGG (Bundesgerichtshof 2018).

Zukunft jedoch zu genderneutralen Formen *(Mitarbeitende)* als Ausdruck der Entsexualisierung der Gesellschaft. Bezeichnungsformen wie *Wahlberechtigte* wiesen eine Zustimmung von 80 % der Befragten in Gesetzestexten auf (Steiger und Irmen 2007, 2011).[7]

Überblick

- Beidnennung *(Mitarbeiterinnen und Mitarbeiter)*
- Orthografische Varianten durch Gender-Star, Gender Gap, Schrägstrich-oder Klammerschreibung *(Mediziner*in, Mediziner_in, MedizinerIin, Mediziner(in))*[8]
- Neutralisierung *(Führungskraft, Ansprechperson, Mitarbeitende)*
- Relativsätze oder Passivierung: *(Alle, die mit uns arbeiten* anstatt *Kunden)*

Diversity endet nicht beim *I
Um Führungsfrauen einzubinden, bedarf es neben gendergerechter Ansprache auf Wortebene (Gender Wording) natürlich auch angepasster Bildlichkeit (Gender Imagery), die u. a. gendergerechte oder -neutrale Icons oder interne/externe Foto-/Werbematerialien betreffen. Eine Google-Anfrage zum Icon „Expert" bringt v. a. Ergebnisse solcher Symbole mit männlicher Codierung (Kopf mit Krawatte, männlicher Haarschnitt etc.). Auch auf Bildern in Geschäfts-, Nachhaltigkeit- oder Personalberichten, in Imagebroschüren, Leitbildern, Präsentationen oder Pitches sind Frauen in der Anzahl der Abbildungen deutlich unterrepräsentiert oder in Assistenzfunktionen präsentiert (Burel 2015). Ähnliche Wirkungen in der Unternehmenskultur erzielen

---

[7]Einen guten Überblick über gendergerechte Sprache geben der Duden (Steinhauer und Diewald 2017) sowie die Online-Portale genderleicht.de (Journalistinnenbund 2019) und geschicktgendern.de (Usinger 2015–2019).

[8]In der mündlichen Sprache werden gegenderte Formen mit orthografischen Varianten wegen des Einsatzes von schriftbildbezogenen Gestaltungsmitteln teilweise unsichtbar. Um dies zu vermeiden, wird eine kurze Sprechpause (glottaler Stop) eingesetzt. Eine weitere Problematik zeigt sich durch Inkohärenzen des Deutschen in Wörtern, die kein entsprechendes Äquivalent anbieten (z. B. Müllmann, Hebamme, Krankenschwester, Putzfrau), sodass hier individuelle Varianten gefunden werden müssen (z. B. Putzkraft). Gerade bei Neutralisierungen muss aber auf sich ändernde Bedeutungsnuancen geachtet werden.

Einrichtungsgegenstände (männliche Wandporträts der Gründer, Pioniere oder der männlichen Familienmitglieder), auf Männer ausgelegtes Produktdesign oder rein männlich besetzte Expertenrunden (Manels[9]). Gendergerechtigkeit und weibliche Sichtbarkeit müssen daher sehr viel stärker auf den genannten Ebenen institutionalisiert werden, was Kap. 7 beschreibt. Eine auf Diversity ausgerichtete Unternehmenskultur fordert vielerorts die bisherigen Arbeits- und Verhaltensweisen heraus, macht Organisationen jedoch effizienter und klüger. Das Beispiel Kulturwandel 4.0. der Otto Group beweist, was möglich ist: Seit 2017 steht ein siebenköpfiges Team als Prozessbegleiter*in zur Seite, um eine offene Fehlerkultur, kürzere Entscheidungswege, die Abschaffung von Herrschaftswissen und eine Akzeptanz des „kontrollierten Kontrollverlustes" herbeizuführen (vgl. Otto Group 2020).

Dieses Teilkapitel legte sowohl die biologisch als auch die gesellschaftlich normierten Unterschiede im Sprachgebrauch von und über Frauen und Männer offen. Auf der Suche nach gendergerechter oder -neutraler Sprache lassen sich pro- und re-aktive Entwicklungen erkennen. Zum einen bezeugen Wortneuschöpfungen eine Dynamik, die auf mehr Frauen in Führungspositionen oder im Diskurs allgemein hindeuten. Zum anderen erschweren es Metaphern, generische maskuline Ausdrucksweisen oder laute Gender-Kritiker*innen vielen Frauen, Führungspositionen zu halten oder zu erreichen. Es ist daher destruktiv für die gesellschaftliche Weiterentwicklung in diesem Bereich, wenn sich auch Frauen selbst gegen gegenderte Sprachformen aussprechen.

6.2 Fallbeispiel: Genderneutrale Stellenanzeigen

Eine Studie der TU München, die durch das Magazin Spiegel Online große Bekanntheit erlangte, spezialisierte sich auf die Textsorte Stellenanzeige (Peus et al. 2015). 260 Studierende sollten die in der

---

[9]Ein paritätisches Panel-Prinzip ohne Manels und mit mehr Vielfalt auf Konferenzbühnen fordert die Firma TLGG unter dem Motto: „Ohne Frauen, ohne uns" (Breyer 2019).

Stellenanzeige verwendeten Adjektive klassifizieren. Während beispielsweise Wörter wie *analytisch, entscheidungsfreudig* und *durchsetzungsfähig* als „männlich" eingeordnet wurden, hielten die Proband*innen *umsichtig, bescheiden* oder *zuverlässig* eher für „weiblich". Danach wurde die Bewerbungswahrscheinlichkeit für die Anzeigetypen (mit „männlichen" und „weiblichen" Wörtern) getestet: Männer bewarben sich auf beide Anzeigetypen gleichermaßen. Allerdings bewarben sich signifikant weniger Versuchsteilnehmerinnen auf die „männlichen" Anzeigen. Diese Studie sorgte für großes Aufsehen in den Personalabteilungen. Auch andere Studien konnten dieses Ergebnis replizieren: Frauen fühlen sich von Stellenbeschreibungen mit stereotyp „männlichen" (agentischen) Eigenschaften weniger angesprochen und zeigen eine geringere Bewerbungsabsicht (Hentschel und Horvath 2015; Gaucher et al. 2011). Dabei gruppieren sich die agentischen Wörter um die in Kap. 3 bereits beschriebenen männlichen Geschlechterstereotype. Frauen bewarben sich eher, wenn stereotyp „weibliche" (kommunale) Adjektive verwendet wurden, die sich um das weibliche Geschlechterstereotyp drehen. In den anschließenden Befragungen konnten Frauen in den wenigsten Fällen angeben, warum sie eine Bewerbung abgelehnt hatten. Der Grund dafür ist so simpel wie weitreichend: Sprachverarbeitung funktioniert zum Großteil unbewusst. Daher muss auch im Jahr 2019 noch davon ausgegangen werden, dass Menschen unbewusst von klassischen Geschlechterrollen geleitet werden.

Stellenanzeigen für Führungspositionen mit Male Bias
Gerade für das Thema Female Leadership ist dieser Befund problematisch, da „männlich" konnotierte Wörter bisher eher in Stellenanzeigen für Führungspositionen verwendet werden (Gaucher et al. 2011). Dies gilt auch für Stellenanzeigen für hochbezahlte Berufe, was in einer umfassenden Analyse der Autorin gemeinsam mit 100 Worte Sprachanalyse und SAP (Spitzer et al. 2018) und einem Korpus von 32.000 Stellenanzeigen bestätigt wurde.[10] Die Ergebnisse der

---

[10] Daraus entstanden zwei Wörterbücher mit insgesamt 1300 Wörtern, die mit einem der beiden Geschlechter in Verbindung stehen (Spitzer et al. 2018).

Studie demonstrierten darüber, dass der Anteil maskulin konnotierter Sprache in männer-dominierten Berufen (z. B. IT) sogar noch höher als in frauen-dominierten war.

Das Jobportal Jobware (2019) erkannte ebenfalls die Macht von Wörtern in einer Eyetracking-Studie. Proband*innen bekamen dabei Stellenanzeigen vorgelegt, während ihre Blickpunkte sowie Augenbewegungen gemessen wurden. Diese gelten im Allgemeinen als Indikatoren für Aufmerksamkeitsfokussierung. Gewisse Bezeichnungen (z. B. *Senior-Manager*) oder Anforderungen *(Analysefähigkeit)* in Texten trugen dazu bei, dass Frauen sich bei gleicher Qualifikation weniger zutrauten als Männer. Letztere dagegen tendierten dazu, fehlende, aber geforderte Qualifikationen auszublenden. Frauen stuften Anforderungen im Vergleich zu Männern auch eher als zwingend ein und waren daher teilweise zurückhaltender, sich auf eine neue Position zu bewerben (Hentschel und Horvath 2015).[11]

Besonders in Kleinunternehmen findet sich ein erhöhtes Diskriminierungsrisiko in Form von nicht-gendergerechter Sprache, auf das die Antidiskriminierungsstelle des Bundes (2018) hinweist. Bundesweit wurden 5667 Stellenanzeigen aus Printmedien und Online-Jobportalen aus dem Zeitraum 23.10 bis 10.11.2017 ausgewertet. Zusätzlich wurden exemplarisch 309 Stellenanzeigen des Portals eBay Kleinanzeigen untersucht. Eine Stellenausschreibung wurde als diskriminierend definiert bzw. mit einem Diskriminierungsrisiko behaftet, sobald diese nicht gender- bzw. altersneutral verfasst wurde. Ein erhöhtes Diskriminierungsrisiko wurde vor allem in Stellen mit männlich dominierten Berufsgruppen gefunden. Innerhalb dieser Stellen traten die Berufsbeschreibungen hauptsächlich im generischen Maskulinum auf, oder wurden mit einem Klammerzusatz „angepasst", was sich anschließend in der Auswahl der Bewerber*innen bemerkbar machte. Eine aktive Bewegung in Richtung gendergerechter Sprachverwendung

---

[11]Konrad et al. (2000) stellten nochmals heraus, dass zum Jahrtausendwechsel noch geringfügige, aber stabile Unterschiede in den Jobeigenschaften, welche Männern und Frauen besonders wichtig waren, bestanden. Frauen in männlich dominierten Berufen näherten sich in ihren Präferenzen denen von Männern an, bewerteten soziale Aspekte ihrer Tätigkeit aber weiterhin höher, z. B. Arbeitsbedingungen, Sicherheit, Teamstimmung und Führungsstil.

wurde nur in 8 % der untersuchten Stellenanzeigen sichtbar, hauptsächlich im öffentlichen Dienst.

Gendergerechtes Recruiting – mit menschlicher und künstlicher Intelligenz
Vor dem Hintergrund des oben beschriebenen Mechanismus der Zugehörigkeit, wonach sich Frauen vorrangig für Stellenausschreibungen interessierten, die „weiblich" formuliert waren, stellt sich die Frage, ob Stellenanzeigen sprachlich angepasst werden müssen, um mehr Frauen in Führungspositionen zu bringen. Geschah eine sprachliche Sensibilisierung und Anpassung mittels „weiblich" konnotierter Wörter, bewarben sich bis zu 25 % mehr Frauen (Horvath und Sczesny 2016), was unsere eigenen Studien bestätigten (Spitzer et al. 2018).

Die dargelegten Ergebnisse bestätigen demnach eine deutliche Korrelation zwischen Formulierung und tatsächlicher Bewerbung. Diese Tatsache bietet einen zusätzlichen ökonomischen Vorteil, da der vorhandene (weibliche) Talentpool besser ausgeschöpft wird, was in Zeiten des Fachkräftemangels essenziell wird. Durch gendersensiblere Formulierungen wird zudem der Stellenwert von Chancengleichheit in Führungspositionen signalisiert. Ein solches Image steigert nicht nur die Arbeitgeber*innenattraktivität, sondern trägt auch zu einer positiven Unternehmenskultur im Allgemeinen bei (Kompetenzzentrum Fachkräftesicherung 2018). Je höher eine Stelle allerdings besetzt wird, desto weniger offizielle Stellenausschreibungen gibt es und die Besetzung läuft über Netzwerke oder Headhunter*innen. Dagegen braucht es dringend eine transparentere Personalpolitik und den Einsatz intelligenter (digitaler) Sprache, um homogene Teams und damit verbundene alte Seilschaften nicht zu festigen.

Der Personalbereich ist hingegen weiterhin derjenige Unternehmensbereich, der am wenigsten empirisch datenbasiert arbeitet und sich – meist aus falsch verstandenem Datenschutzinteressen[12] – nur langsam KI-Technologien wie Workforce bzw. People Analytics bedient. People Analytics sind weit mehr als Formen des simplen Personalcontrollings,

---

[12]Natürlich erfordert jedes KI-Projekt eine spezifische und transparente Datenschutzregelung.

6 Sprache der Führung – Wörter ändern Mindsets 95

da sie nicht nur der Dokumentation und Visualisierung von Daten dienen, sondern vor allem Beeinflussungen zwischen einzelnen Variablen (z. B. Geschlecht und Bewerbung, Motivation und Teampassung) aufdecken sollen, die über Big-Data-Anwendungen und Business Intelligence gestützt werden. So kommen Algorithmen bereits in den Bereichen zur Verhaltensvorhersage, Mitarbeiter*innenauswahl, Mitarbeiter*innenzufriedenheit, Wissenstransfer, Führungseignung sowie bei der Analyse von Kündigungsgründen im Employee Lifecycle zum Einsatz (Burel 2019). Die Firma Google verwendet beispielsweise Algorithmen, um vorherzusagen, welche Person die größten Erfolgschancen nach ihrer Einstellung hat. People Analytics sollen somit, ergänzend zum Recruiting durch Menschen, handfeste Informationen liefern, um Entscheidungen für Personen sowie Zusammenarbeit und Kommunikation hypothesen- und datengestützt treffen zu können.

Auch Bereich Gender Equality und Diversity kann KI unterstützend wirken, wenn sie mit menschlicher Kompetenz kombiniert wird. In teilautomatisierten Gender Audits unterstützen wir unsere Kund*innen dabei, blinde Flecken, wie eine starke „männliche" Textstimmung, aufzudecken und mittels der HR Talent Intelligence von 100 Worte Sprachanalyse anzupassen. Das Verfahren wird derzeit vor allem auf Karriereseiten oder Stellenanzeigen angewandt, kann jedoch prinzipiell mit jedem Text durchgeführt werden, da das dortige Wortmaterial automatisch analysiert und optimiert wird (Augmented Writing).[13] Rein selbstlernende KI-Systeme sind ungeeignet, da sie aus bestehendem Wortmaterial lernen und bestehende Bias' replizieren. Manuelle Feinjustierungen und Interpretationen der Ergebnisse durch Expert*innen sind daher unabdingbar. Die nachstehende sprachliche Checkliste fasst nochmals alle Empfehlungen für Recruiter*innen in Stellenanzeigen zusammen.[14]

---

[13]Für die englische Sprache ist eine Basisversion unter dem Portal http://gender-decoder.katmatfield.com nutzbar (Matfield o. D.). Für die deutsche Sprache ist die Anbieterin www.drfemfatale.de (LUB 2019) (ein Angebot der Autorin) mit dem Softwarepartner 100 Worte Sprachanalyse Marktführer*in, die auf eine Liste von 54.600 indikativen Wörtern aus 62 Studien der Psychologie und Linguistik zurückgreift.

[14]Vgl. dazu auch die Handlungsempfehlung Mit Stellenanzeigen gezielt weibliche Fachkräfte gewinnen (Kompetenzzentrum Fachkräftesicherung (KOFA) 2018) oder den gendergerechten Berufsleitfaden der Universität Bochum (Gleichstellungsbüro der Ruhr-Universität Bochum 2010).

Obwohl diskriminierende Formulierungen in Stellenausschreibungen weit verbreitet sind, geschehen sie doch in den seltensten Fällen absichtlich. Vielmehr basiert die ungleiche Verwendung von geschlechterspezifischen Formulierungen auf lang tradierten Vorstellungen von Geschlechterrollen und -stereotypen. Dennoch haben selbst kleine Unterschiede schon einen Einfluss auf die Bewertung und Attraktivität der Stellenausschreibungen. Stellenanzeigen konnten durch unsere Analysen so optimiert werden, dass sich bis zu 33 % mehr Frauen bewerben (Spitzer et al. 2018). Dies offenbart, dass Stellenanzeigen und ihre Funktion in Form von Öffentlichkeitsarbeit und Personalgewinnung einen enormen Einfluss auf die Personengruppe, die letztendlich damit angesprochen werden soll, haben. Generell ist eine stabile Kombination von „männlichen" und „weiblichen" Wörtern empfehlenswert. Mit dem kürzlich gegründeten Ethikbeirat HR-Tech und der von der Autorin für diesen verfassten Richtlinien CHANCEN VON KI STÄRKER HERAUSSTELLEN! (Burel 2019) ist eine Vertiefung der KI-gestützten Personalarbeit gegen Gender-Verzerrungen definitiv möglich und Berührungsängste in Organisationen können reduziert werden.

Sprachlicher Quick-Check für Personaler*innen und gendergerechte Stellenanzeigen

1. Gendergerechte Bezeichnungen in Jobtiteln und Kompetenzprofil
   a) Beidnennung, orthografische Varianten oder Neutralisierung für Jobbezeichnungen im Jobtitel und Resttest (inkl. Anpassung von Pronomen und Restvokabular wie *Mitarbeiter*innen*)
   b) Kombination „männlich" konnotierter Wörtern mit „weiblich" konnotierten Wörtern
   c) Abmildernde Formulierungen wählen, z. B. *eher Kommunikationsgeschick als Verhandlungsgeschick*
2. Kennzeichnung von nicht zwingend relevanten Eigenschaften als optional
   a) Es sollte deutlich sein, welche Eigenschaften für die ausgeschriebene Stelle zwingend notwendig sind, und welche als wünschenswert betrachtet werden *(X/Y ist von Vorteil)*.
   b) Breitere Formulierung der geforderten Eigenschaften, da Frauen sich tendenziell erst bei einem höheren Job-Fit bewerben (Hentschel und Horvath 2015)

3. Betonung von Jobattributen und Überblick über Rahmenbedingungen (Arbeitszeiten, -ort, -vergütung) sowie Weiterentwicklung in der Organisation
   a) Besonderheiten betonen, die (nicht nur) für Frauen von Interesse sind, z. B. flexible Arbeitszeiten Work-Life-Balance, familienfreundliche Personalpolitik, mögliche Arbeitszeitmodelle, Führung in Teilzeit, familienfreundliche Siegel etc.
   b) Transparenz und Ethik sind bedeutsam: Es sollten nur Angebote angeführt werden, die auch tatsächlich umgesetzt werden.
4. Medialität und diversityfreundliche Kanäle berücksichtigen
   a) Sollen auch Frauen und andere Menschen (z. B. mit Migrationshintergrund) angesprochen werden, sollten die Anzeigen auch in Englisch (Türkisch, Italienisch etc.) übersetzt werden.
   b) Materialität: Stellenanzeigen sollten als pdf-Dokument zusätzlich exportierterbar sein und in einer (gekürzten) Fassung für Mobile-Anwendungen oder Job-Matching-Tools (wie truffls oder tandemploy) vorliegen.
   c) Auch Eltern haben wichtige Skills, aber nur 5 % aller Stellenanzeigen erwähnen Familienfreundlichkeit (Tödtmann 2019). Die Online-Portale Superheldin.de oder FeelGoodatWork.de sind Jobplattformen mit familienfreundlichen Stellenangeboten. Gerade Frauen können auch über digitale Netzwerke (LinkedIn, Digital Media Women etc.) rekrutiert werden und sprechen gut auf Instagram-Jobpostings an.
5. Bild- und Kontaktauswahl prüfen
   a) Authentische Bilder (mit Testimonials) und Icons wählen, die Frauen und andere Gruppen mit einschließen und nicht nur in Assistenzfunktionen zeigen.
   b) Kontaktperson auch in Online-Bewerbungs-Systemen angeben, da gerade Frauen diese Möglichkeit zur persönlichen Kontaktaufnahme schätzen.
   c) Kontaktaufnahme über QR-Codes und andere digitale Spielarten prüfen.

Ihr Transfer in die Praxis

- Sprache, Bilder und Stimme auf Gender Bias testen und die überwiegend männliche Fokussierung, die durch die Gesellschaft und Medien suggeriert wird, im eigenen Sprachgebrauch umkehren.
- Gender- und diversitygerechte Icons, Foto-/Werbematerial und Sprache (letzte aber einheitlich!) verwenden.

- Stärkere Verwendung von weiblich konnotierten Begriffen bei Stellenanzeigen. KI bei Formulierungen zurate ziehen, um unbewusste Diskriminierung zu vermeiden. Besteht Ihre Karriereseite den sprachlichen Quick-Check?

Literatur

Antidiskriminierungsstelle des Bundes (2018): Diskriminierung in Stellenanzeigen. Studie zur Auswertung von Stellenanzeigen im Hinblick auf Diskriminierung, Ausschlussmechanismen und positive Maßnahmen. https://www.antidiskriminierungsstelle.de/SharedDocs/Downloads/DE/publikationen/Expertisen/Stellenanzeigen.html (letzter Zugriff: 03.12.19)

Beauvoir, Simone de (2009 [1951]): Das andere Geschlecht. Reinbek bei Hamburg: Rowohlt.

Braun, Friederike; Oelkers, Susanne; Rogalski, Karin; Bosak, Janine und Sabine Sczesny (2007): „Aus Gründen der Verständlichkeit …": Der Einfluss generisch maskuliner und alternativer Personenbezeichnungen auf die kognitive Verarbeitung von Texten. In: Psychologische Rundschau 53(3). S. 183–189.

Breyer, Conrad (2019): TLGG setzt sich für Panelgerechtigkeit ein. In: W&V, 13.11.19.

Bundesgerichtshof (2018): Kein Anspruch auf weibliche Personenbezeichnungen in Vordrucken und Formularen. Pressemitteilung Nr. 48/2018, 13.03.18.

Burel, Simone (2015): Identitätspositionierungen der DAX-30-Unternehmen. Die sprachliche Konstruktion von Selbstbildern. Berlin u. a.: De Gruyter.

Burel, Simone (2017): Vorständin und Allround-Papa – Sprachliche Konstruktion von Geschlecht in der medialen Repräsentation. In: 10plus1. Living Linguistics.

Burel, Simone (2018): Sprache denkt female. E-Book. Verfügbar unter https://drfemfatale.de/e-book/ (letzter Zugriff: 10.01.20)

Burel, Simone (2019): Richtlinien: Chancen von KI stärker herausstellen! In: Future of HR, 08.10.19. https://www.future-of-hr.com/2019/10/richtlinien-chancen-von-ki-staerker-herausstellen/ (letzter Zugriff: 10.01.20)

Demarmels, Sascha und Dorothea Schaffner (2011): Gendersensitive Sprache in Unternehmenstexten. In: Demarmels, Sascha und Wolfgang Kesselheim (Hrsg.): Textsorten in der Wirtschaft. Wiesbaden: VS Verlag für Sozialwissenschaften. S. 109.

Gaucher, D.; Friesen, J. und A. C. Kay (2011): Evidence that gendered wording in job advertisements exists and sustains gender inequality. In: Journal of Personality and Social Psychology 101(1). S. 109–128.

Gleichstellungsbüro der Ruhr-Universität Bochum (Hrsg.) (2010): Leitfaden zur gendergerechten Ausgestaltung von universitären Berufungsverfahren. Herten. https://www.ruhr-uni-bochum.de/chancengleich/pdf/leitfaden-berufungsverfahren.pdf (letzter Zugriff: 19.12.19).

Goffman, Erving (1969): Wir alle spielen Theater. Die Selbstdarstellung im Alltag. München: Piper.

Heise, Elke (2000): Sind Frauen mitgemeint? Eine empirische Untersuchung zum Verständnis des generischen Maskulinums und seiner Alternativen. In: Zeitschrift für Sprache & Kognition 19(1-2). S. 3–13.

Helweg-Larsen et al. (2004): To nod or not to nod: An observational study of nonverbal communication and status in female and male college students. In: Psychology of Women Quarterly 28. S. 358–361.

Hentschel, T. und L. Horvath (2015): Passende Talente ansprechen - Rekrutierung und Gestaltung von Stellenanzeigen. In: Peus, C; Braun, S.; Hentschel, T. und D. Frey (Hrsg.): Personalauswahl in der Wissenschaft – Evidenzbasierte Methoden und Impulse für die Praxis. Heidelberg: Springer. S. 65–82.

Herdeanu, Clara (2019): Podcasts und Interviews: Wie wirke ich souverän und kompetent bei Aufnahmen? In: t3n digital pioneers, 24.09.19. https://t3n.de/news/podcasts-interviews-wirke-1200047/ (letzter Zugriff: 18.12.19)

Horvath, Lisa und Sabine Sczesny (2016): Reducing women's lack of fit with leadership positions? Effects of the wording of job advertisements. In: European Journal of Work and Organizational Psychology 25(2), S. 316–328.

Jobware GmbH (1996–2019): Jobware.de. https://www.jobware.de/ (letzter Zugriff: 03.12.19)

Journalistinnenbund (2019): Genderleicht.de. https://www.genderleicht.de/ (letzter Zugriff: 10.01.20)

Kessler, Suzanne J. und Wendy McKenna (1978): Gender: An ethnomethodological approach. Chicago: Chicago University Press.

Knaths, Marion (2009): Spiele mit der Macht: Wie Frauen sich durchsetzen. München/Zürich: Piper.

Kompetenzzentrum Fachkräftesicherung (2018): Mit Stellenanzeigen gezielt weibliche Fachkräfte gewinnen. Herausgegeben vom Institut der deutschen Wirtschaft Köln e. V., Januar 2018.

Konrad, Alison; Ritchie, J. E. Jr.; Lieb, Pamela und Elizabeth Corrigall (2000): Sex Differences and Similarities in Job Attribute Preferences: A Meta-Analysis. In: Psychological Bulletin 126(4). S. 593–641.
Kotthoff, Helga (2006): Gender and Humor: The state of the art. In: Journal of Pragmatics 38(1). S. 4–25.
Kotthoff, Helga und Damaris Nübling (2018): Genderlinguistik. Eine Einführung in Sprache, Gespräch und Geschlecht. Tübingen: Narr.
Kramer, Vicki W.; Konrad, Alison M. und Sumru Erkut (2006): Critical Mass on Corporate Boards: Why Three or More Women Enhance Government. Executive Summary. Wellesyley Centers for Women's Publications Office. https://web.archive.org/web/20121115050154/http://vkramerassociates.com/writings/CriticalMassExecSummary%20PDF.pdf (letzter Zugriff: 15.04.20)
Lakoff, George und Mark Johnson (2011 [1998]): Leben in Metaphern. Konstruktion und Gebrauch von Sprachbildern. Heidelberg: Carl Auer.
LUB – Linguistische Unternehmensberatung (2019): Dr. fem. Fatale Gender Consulting. https://drfemfatale.de/ (letzter Zugriff: 03.12.19)
Matfield, Kat (o. D.): Gender Decoder for Job Ads, katmatfield.com. http://gender-decoder.katmatfield.com/ (letzter Zugriff: 19.12.19)
Otto Group (2020): Kulturwandel 4.0. In: Otto Group 2020. https://www.ottogroup.com/de/karriere/Unternehmenskultur/Kulturwandel-4.0.php (letzter Zugriff: 14.01.2020)
Peus, C; Braun, S.; Hentschel, T. und D. Frey (Hrsg.) (2015): Personalauswahl in der Wissenschaft - Evidenzbasierte Methoden und Impulse für die Praxis. Heidelberg: Springer.
Rosling, Hans (2018): Factfulness. Ten Reasons We're Wrong About the World – And Why Things Are Better Than You Think. London: Sceptre.
Sahin, Reyhan a. k. a. Dr Bitch Ray (2019): Yalla, Feminismus! Stuttgart: Tropen.
Schmader, Toni; Whitehead, Jessica und Vicki H. Wysocki (2007): A Linguistic Comparison of Letters of Recommendation for Male and Female Chemistry and Biochemistry Job Applicants. In: Sex Roles 57(7–8). S. 509–514.
Spitzer, Daniel; Tschürtz, Simon und Simone Burel (2018): Deutsche Stellenausschreibungen unterscheiden zwischen Mann und Frau: Wie geschlechtsspezifische Sprache die Ungleichheit zwischen den Geschlechtern verfestigt. Abrufbar unter https://www.lub-mannheim.de/research/ (letzter Zugriff: 10.01.20)

Steiger, Vera und Lisa Irmen (2011): Recht verständlich und „gender-fair": Wie sollen Personen in amtlichen Texten bezeichnet werden? Ein Vergleich verschiedener Rezipientengruppen zur Akzeptanz geschlechtergerechter Rechtssprache. In: Linguistische Berichte 227. S. 297–326.

Steiger, Vera und Lisa Irmen (2007): Zur Akzeptanz und psychologischen Wirkung generisch maskuliner Personenbezeichnungen und deren Alternativen in juristischen Texten. In: Psychologische Rundschau 58(3). S. 190–200.

Steinhauer, Anja und Gabriele Diewald (2017): Richtig gendern. Wie Sie angemessen und verständlich schreiben. Herausgegeben von der Dudenredaktion. Kempten: Duden.

TU Ilmenau (2012): Das Chefarzt-Rätsel. Ein Film des Gleichstellungsbüros der TU Ilmenau „Bunter Kaffee", 13.01.12. https://www.youtube.com/watch?v=VPBlFZGWYy0 (letzter Zugriff: 19.12.19)

Universitätsklinikum Leipzig (2015): Fünf Jahre Erwachsenenstudie. LIFE präsentiert Ergebnisse. Pressemitteilung vom 24.09.15, Universitätsklinikum Leipzig.

Usinger, Johanna (2015–2019): Geschickt Gendern – Das Genderwörterbuch. https://geschicktgendern.de/ (letzter Zugriff: 10.01.20)

Vervecken, Dries und Bettina Hannover (2012): Ambassadors of gender equality? How use of pair forms versus masculines asgenerics impacts perception of the speaker. In: European Journal of Social Psychology 42. S. 754–762.

Villa, Paula-Irene (2006): Sexy Bodies. Eine soziologische Reise durch den Geschlechtskörper. Wiesbaden: VS Verlag für Sozialwissenschaften.

Webtorials (2017): 2017 Workplace Productivity and Communications Technology Report, März 2017.

Wulf, Veronika (2019): „Stern und Unterstrich sind gar nicht sinnvoll". In: Süddeutsche Zeitung, 17.07.19. https://www.sueddeutsche.de/karriere/gendergerechte-stellenanzeigen-studien-bettina-hannover-1.4525209 (letzter Zugriff: 10.01.20)

Wüstenhagen, Claudia (2013): Der Klang der Seele. In: ZEIT Wissen Nr. 5/2013.

7
Digital Female Leaders

*Ich bin eines dieser Genies, die sich darauf
beschränken, sich zu erholen.*
(Ada Lovelace)

Was Sie aus diesem Kapitel mitnehmen
- Gender Diversity kann durch die Digitalisierung vorangetrieben werden.
- 2019 als Jahr der weiblichen Role Models – oder doch nicht?
- Männer werden als Supporter eingebunden und unterstützen die Vorteile gemischter Teams.
- Aufzeigen der Importanz dialogischer Führung und des konkreten Beitrags von Frauen.
- „Weibliche" Computer sind momentan noch weniger wert.

„Frauen sind die beruflichen Karrieregewinner der Digitalisierung", lautet das Ergebnis einer von ver.di veröffentlichten Studie (DGB 2017). Die Digitalisierung eröffne bessere Chancen für Frauen in

---

Tonekaboni 2015.

Führung, da sie stärker den Zugang zum Arbeitsmarkt auf digitalen Plattformen nutzen könnten. Gleichzeitig seien sie versierter in ihrer Selbstorganisation und betrieben besseres Grenzmanagement innerhalb ihrer Lebensbereiche. Frauen seien daher bestens in der Lage, in der digitalen Arbeitswelt als Führungskraft ihre Frau zu stehen.[1]

Die Kap. 2–6 haben Denkmuster, Stereotype und Sprache im Kontext von weiblichen Führungsrollen diskutiert und noch vorhandene Hürden offengelegt. Es gilt jetzt, dieses Wissen in Lösungsformate zu bringen und im Mainstream der Führungskräfte und Teams bekannt zu machen. Während es bisher vor allem um strukturelle Konstituenten ging, die tief im gesetzlichen und organisationalen System verankert und nicht unmittelbar beeinflussbar sind, wenden wir uns jetzt konkreten Vorbildern (Role Models), Best Practices und pragmatischen Handlungsempfehlungen zu, die durch jede Person (in-)direkt beeinflussbar sind – auf Individual- und Organisationsebene. Hierbei fließen auch Empfehlungen aus Online-Veröffentlichungen, Foren und Blogs zum Thema Female Leadership mit ein, da der Diskurs vermehrt in diesen stattfindet, sowie aus unseren Vorträgen, Workshops und Gender-Beratungen bei Dr.fem.Fatale.

Die Digitalisierung ist weiblich

Arbeiten in digitalen Welten ist ein Katalysator für vieles, u. a. auch für eine Reflexion bisheriger Führungsstile und -rollen, denn alte Privilegien und Statussymbole brechen im Aufbruch gen New Work weg. Führung verteilt sich durch flexibles Arbeiten und internationale Teams vermehrt auf verschiedene Personen und wird zur kooperativen Aufgabe: Kollektive Intelligenz und Teamarbeit sind gefragt. Kommunikative, soziale und integrative Kompetenzen gewinnen an Bedeutung. Diese beherrschen Frauen durch ihre Sozialisation solide, wie bereits herausgestellt wurde.

Die Studie Digitalisierung & Diversität der Global Digital Women (Onaran et al. 2019) bestätigt, dass Digitalisierung und Diversität in

---

[1]Vgl. dazu den umstrittenen Management-Ansatz der Effectuation aus der Entrepreneurship-Forschung: Effectuation ist eine Entscheidungslogik, die in Situationen mit einem hohen Grad an Ungewissheit eingesetzt werden kann (Faschingbauer 2019).

Unternehmen, in denen Frauen stärker in Führungspositionen vertreten sind, wesentlich progressiver behandelt werden. Konkret wird bei einem höheren Anteil von Frauen in Führungspositionen mehr Wert auf Diversität hinsichtlich ethnischer Herkunft, Geschlecht und Alter gelegt. Konzerne sind dabei im Vergleich zum Mittelstand allgemein offener im Hinblick auf viele Diversitäts- und Digitalisierungsmaßnahmen. Diversität muss dabei aber von allen Unternehmen als Treiber der digitalen Transformation erkannt und nicht nur als reines Legitimations- und PR-Mittel genutzt werden, was Global-Digital-Woman Tijen Onaran vehement predigt. Gerade der Anteil von Frauen in den Zukunftsbranchen wie Digitalisierung- und Plattformökonomie ist erschreckend niedrig, was dazu führen könnte, dass sich die Gleichberechtigung – wenn wir nicht entgegensteuern – weltweit verschlechtern könnte (Digital Gender Gap). In der Kategorie Cloud Computing sind beispielsweise nur 12 % aller Fachkräfte Frauen (Werner 2019). Die Wichtigkeit und Wirksamkeit von weiblichen Vorbildern (Role Models) on- und offline, die bereits erfolgreiche (Führungs-) Karrieren in diesen Bereichen bestreiten, kann daher nicht oft genug betont werden. Chefinnen als Vorbild wirken sich positiv auf die Selbstwirksamkeitserfahrungen anderer aus. Studien ergeben, dass gerade Frauen sich dann öfter dazu entschließen, diesem Beispiel zu folgen und sich selbst für einen Führungsposten zu bewerben (Meier et al. 2019).

Her mit den Role Models!
2019 war zwar das Jahr der Frauen in Politik und Wirtschaft, aber auch kein einfaches Jahr für deutsche Top-Managerinnen: Sylvie Matherat verließ die Deutsche Bank, wenig später folgte der Abgang der Arbeitsagentur-Vorständin Valerie Holsboer, derjenige von Janina Kugel (Siemens-Personalvorständin) sowie der Deutsche-Börse-Vorständin Hauke Stars. Aus dem Bereich Entrepreneurship galt es, die Abschiede von Lea-Sophie Cramer (Gründerin und CEO Amorelie), Verena Pausder (Gründerin und CEO von Fox & Sheep), Fränzi Kühne (Gründerin von TLGG) sowie Pia Poppenreiter (Gründerin von Ohlala) aus der Geschäftsführung zu verzeichnen.

Diese Entwicklung ist Grund genug, in Zukunft (noch) mehr weibliche Vorbilder zu präsentieren: Denn Menschen lernen von Vorbildern, da sie eine Projektionsfigur erhalten, deren Verhalten sie imitieren können. Neue Frauen- und Männerbilder haben durch die Diversity-Bewegung in den letzten Jahren nochmals Aufwind bekommen – selbst in klassischen Medien. Die Zeitung FAZ veröffentlichte 2019 eine Reihe über Tech-Frauen in Wirtschaft und Technologie (vgl. z. B. von Blazekovic 2019a und b) wie auch die Zeitschrift NATIONAL GEOGRAPHIC, wobei letztere im selben Jahr sogar noch ein Sondermagazin mit Frauen in vormals männlich dominierten Feldern im weltweiten Kampf für Gleichberechtigung, gleiche Bezahlung und Teilhabe an der Macht publizierte. Daneben würdigte das Handelsblatt 2019 nicht nur als „Jahr der Frauen", sondern setzte ein Role-Model-Interviewreihe auf, in der die Douglas-CEO Tina Müller, die 50 % Frauen auf der Executive Ebene durchgesetzt hat, zuweilen als „Deutschlands härteste Managerin" beschrieben wird (Mehringer 2019). Die FUNKE Mediengruppe launcht 2020 ein neues Lifestyle-Magazin namens „I AM by Laura Malina Seiler". Editorin und Namensgeberin ist Laura Malina Seiler, Nr.1-Podcasterin, Bestsellerautorin und Life Coach. Ein weiteres Vorbild ist Claudia Nemat, Vorständin für Innovation & Technik bei der Deutschen Telekom. Die studierte Physikerin und Mathematikerin ist daneben Mitglied im Verwaltungsrat bei Airbus und Mutter von 2 Kindern, wodurch sie nicht den sogenannten „Drehtüreffekt" (Roos 2009) an sich erfuhr. Dieser entsteht dadurch, dass Frauen sich zwar für technische Berufe entscheiden, dann aber bei der Gründung einer Familie wieder aus ihrem Beruf aussteigen. Um diesem entgegenzuwirken, vergibt die Telekom auch den Frauen-MINT-Award.

Gerade Angestellte über 45 legen mehr Wert auf sichtbare weibliche Role Models in Unternehmen als Frauen unter 30 (Onaran et al. 2019). Neben aktuellen Gallionsfiguren – oder besser gesagt: Kapitäninnen – des Diskurses wird in der Literatur auch gern auf historische Vorbilder zurückgegriffen (z. B. auf Freiheitskämpferin Jeanne D'Arc, Mathematikerin Ada Lovelace, Wissenschaftlerin Marie Curie oder Philosophin Simone de Beauvoir etc.), die wiederholt als „eigensinnig" und „abseits der Norm" präsentiert werden.[2] Eine neue Ära der

---

[2]Vgl. dazu Vanderbroeck (2014).

„wütenden" Role Models entsteht derzeit durch die Umweltbewegung, die vor allem von jüngeren Fragen getragen wird, namentlich Greta Thunberg (globale Initiatorin von #FridaysforFuture), Luisa Neubauer (Initiatorin von #FridaysforFuture in Deutschland) oder Carola Rackete (Kapitänin und Klimaschutzaktivistin). Die einflussreiche Klimajugend bekommt Macht, ohne dem gängigen Erscheinungsbild mächtiger Frauen zu entsprechen. Sie verkörpern demnach auch eine neue Sachlichkeit aus Rufen nach Gerechtigkeit und Umweltschutz ohne Machtallüren. Macht verstehen sie nicht als Besitz, die ihnen Ansehen verschafft, sondern vielmehr als eine Handlungsermächtigung, die Welt positiv zu verändern (vgl. Baerd 2018).[3] Öffentliche Rede als bisheriges männliches Attribut wird von ihnen dahin gehend umdefiniert.

Auch wenn das Buch dieses aus Platzgründen nicht weiter vertiefen kann, ist es hierbei mindestens genauso wichtig, männliche Mitstreiter, die sich von einem autoritären dysfunktionalen Männlichkeitstypus absetzen und somit das Verständnis von Führung verschieben, zu präsentieren. Es geht nicht darum, ob ein Role Model weiblich oder männlich ist, sondern vielmehr, dass Menschen sich mit der dahinterstehenden Person über Parallelen in Lebensgeschichte, Denken und Handeln identifizieren können. Hierfür eignen sich u. a. die (Ex-)Präsidenten-Trias Barack Obama, Justin Trudeau oder Emmanuel Macron. Auch der aktuelle deutsche Außenminister Heiko Maas ist auf seinem Weg wie der Personalleiter Cawa Younosi von SAP, der den ersten Vaterschutz in einem deutschen Unternehmen durchsetzte. Volker Baisch von der Väterg GmbH und Digitalexperte Robert Franken treiben Väterförderung und Feminismus für Männer bislang als Nischenprodukt voran. Das Bäckereiunternehmen Mestemacher kührt 2020 zum 15. Mal den Spitzenvater des Jahres, der ein Zweiversorger*innenmodell innerhalb seiner Familie vorweisen kann, in dem Männer und Frauen gleichberechtigt agieren.

---

[3]Gegenwind in Form von Abwertung ihrer Kompetenz aus Altersgründen, Sexismus und Lookismus erhalten sie vor allem online aus der (rechten) männlichen Ecke. Prominente Beispiele hierfür sind u. a. die Politiker Donald Trump, Matteo Salvini oder Christian Lindner.

> **Exkurs: „Weibliche" Computer sind weniger wert**
>
> Eine spannende Erweiterung der Überprüfung von Geschlechterstereotypen lieferte Marek Posard von der University of Maryland (2014) im Bereich der Mensch-Maschinen-Interaktion. Studierende wurden gebeten, Computer bezüglich ihrer Leistungskapazität zu bewerten. Nach Abschluss der Interaktion mit dem Computer sollte angegeben werden, wie leistungsfähig der Computer eingeschätzt wurde und wie viel der Computer vermutlich kosten würde. An diesem Punkt kam die Geschlechterfrage ins Spiel: Einem Teil der Studierenden wurde von Beginn des Experiments gesagt, dass der Computer „James" hieße (symbolisiert durch eine blaue Harddisk). Einem anderen Teil wurde mitgeteilt, sie interagierten mit „Julie" (symbolisiert durch eine pinke Harddisk). Diese Personalisierung wurde im Verlauf des Experiments verstärkt („James"/„Julie" – „He"/„She"). Es wurde hierbei zwar kein beträchtlicher Unterschied bei der Bewertung der Leistungsfähigkeit festgestellt, allerdings wurde „James", der männliche Computer, deutlich teurer im Erwerb eingeschätzt als „Julie" (5870$ vs. 4380$). Dieses Experiment belegt, dass eine „weibliche" Maschine demnach weniger Wert besitzt als ihr leistungsfähig identisches „männliches" Gegenüber.

Digitalisierung wurde bislang als Male Story erzählt

Ein aktuelles Problem ist derweil dennoch, dass die Digitalisierung zu oft als „Male Story" erzählt wird. Von den männlichen IT-Nerds des Silicon Valley, der Start-Up-Szene mit ihren Garagengründungen bis zu den Robotikexperten der Industrie 4.0 erzählen die Narrative zu wenig über weibliche Erfahrungen. Es braucht jedoch Female Stories und weibliche Kollektive, die gezeigt werden, um das Thema für alle anschlussfähig zu machen. Im digitalen Raum, der zeit-, orts- und oftmals gesichtslos ist, gibt es ein großes Potenzial, das Thema Female Leadership zu forcieren, welches Initiativen wie Global Digital Women, Digital Media Women, <she/hacks>, FEMTech, oder Hackerstolz Women bereits nutzen. Bereits 2015 wurde durch UN Women die Online-Initiative HeForShe IMPACT 10 × 10 × 10 ins Leben gerufen, um zehn wichtige Entscheidungsträger*innen aus den Sektoren Wirtschaft und Wissenschaft einzubeziehen. Unter anderem beteiligten sich auch die Firmen Accor Hotels, Barclays, Twitter, Unilever und Vodafone an der Initiative zur Förderung der Gleichstellung der

Geschlechter und der Stärkung der Frauen in Wirtschaft und Politik, indem sie den Wandel „von oben" vorantreiben.

Die digitale Sprach- und Bilderwelt bietet die ideale Möglichkeit, weitere Barrieren zu überkommen und gesellschaftliche Vorurteile, wie Frauen und Männern im Beruf sein sollten, abzubauen. Dies geht einher mit neuen Textsorten, die vermehrt für Lebenswelten abseits männlicher Normen genutzt werden, wie Blogs und Blogazine mit Female Stories. Das Blogazin ist ein Hybrid aus persönlich anmutendem Blog und inhaltsorientiertem Magazin, das sich von Layout und Design an ein Hochglanz-Printmagazin anlehnt. Meist wird die gesamte Fläche des Monitors für Content mit großen Abbildungen genutzt und die Navigation versteckt (Lennartz 2018). Bekannte Beispiele sind die großen feministischen Blogazine Edition F, Sheworks! oder Womanatwork. Medial sind es vor allem die zwei Edition-F-Gründerinnen Nora-Vanessa Wohlert und Susann Hoffmann, die seit 2014 aus Berlin heraus „zwischen stereotypen, intellektuell wenig herausfordernden Frauenmagazinen und Wirtschaftsmagazinen, die eher auf Männer ausgerichtet sind" (Selle 2016) agieren.

Im digitalen Zeitalter ist es sehr viel einfacher, eine Vielfalt an Kanälen zu bedienen, um die Botschaften von Role Models zu multiplizieren, was auch Audio und Video miteinschließt. Der Podcast von Isabelle Sonnenfeld und David Noel setzt sich beispielsweise für Female Empowerment im Bereich Technik ein. Gerade der Podcast-Markt wird in den nächsten Jahren diesbezüglich noch etliche Formate hervorbringen, wie auch den 2020 erscheinenden Podcast von Dr.fem. Fatale. Die Kompetenz von Frauen, mithilfe digitaler Technologien und Medien Informationen in digitalen Medien, Plattformen und (Bildungs-)Produkten zu finden, beurteilen und zu narrativeren (Digital Literacy) muss daher definitiv weiter ausgebaut werden.

Digital und dialogisch
Durch digitale Medien ist kein direkter physischer Kontakt („face-to-face") zwischen Menschen mehr vonnöten. Dies lässt klassische Gesprächsmechanismen, direkte Ausgrenzungserfahrungen und damit auch Geschlechterrollen mehr und mehr verschwimmen.

Die digitale Kommunikation sorgt besonders für Änderungen in der sogenannten „face-saving-Arbeit", d. h. bestimmte Artikulations- und Höflichkeitsnormen. Mit zunehmend mehr Frauen in Führung wird die bisherige Führungskommunikation, die bislang häufig monologisch und autoritär geprägt war, abgeschwächt, und wird dagegen dialogisch und demokratisch. Wie die sprachlichen Darstellungen zeigten (Kap. 6), stellen Frauen mehr Fragen, verknüpfen gekonnt Perspektiven und agieren beziehungsorientierter. Durch zunehmend digitale (Team-) Kommunikation müssen sich alle Führungskräfte mit der Kunst dieser dialogischen Gesprächsführung beschäftigen, bei der auch Emotionen gespiegelt und wertgeschätzt werden. Durch digitale Kommunikation sind weniger Rückmeldemöglichkeiten als in analoger Form möglich (z. B. haptisches Schulterklopfen). Das Senden von Informationen allein genügt nicht mehr, denn diese müssen verstanden und gemeinsam validiert werden. In der dialogischen Gesprächsführung gilt der regelmäßige Sprechwechsel als Indikator für ein demokratisches Miteinander (Schönfeld 2008). Jede Person hat abwechselnd das Rederecht und wird nicht unterbrochen. Dieses kommunikative Miteinander bezieht sich vor allem auf die Quantität des Gesagten, sodass Redebeiträge idealerweise nach gewissen Konversationsmaximen[4] aufgebaut sind: nur so viel Inhalt wie nötig, nur Wahres und nur Relevantes. Diese Regeln gelten für Führungskräfte wie Mitarbeiter*innen in Einzel- und Teamgesprächen on- wie offline.

In engem Zusammenhang mit dem Sprechwechsel stehen Sprechpausen. Pausen können beispielsweise von allen dafür genutzt werden, Fragen zu stellen. Um sinnvolle Fragen zur Sachverhaltsvertiefung oder Perspektivenvalidierung, die nicht nur dem Autoritätsaufbau dienen, vorzubereiten, ist aktives Zuzuhören mit Notizentechnik der Schlüssel. Bei Unklarheit oder Problemen kann dies dadurch sogleich signalisiert werden. Dies wird in der Praxis, gerade in Meetings (on- wie offline) permanent unterlaufen, weil der Großteil der eigentlichen Zuhörer*innen diese Rolle negiert und sich lieber mit eigenen E-Mails,

---

[4]Der englische Sprachphilosoph Paul Grice gilt als Begründer der Konversationsmaximen, die sich auf insgesamt vier, der Pragmatik unterliegenden, Prinzipien stützen: Maxime der Quantität, Maxime der Qualität, Maxime der Relevanz und Maxime des Stils/der Modalität (Grice 1975).

Chats, News-Lektüre oder Vorbereitung von Slides auf Smartphone oder Laptop beschäftigt. Ein Großteil der Informationen kann somit nicht aufgenommen werden, weshalb ein Großteil der Meetings reine Zeitverschwendung und Quelle kommunikativer Missverständnisse ist. Beim aktiven Zuhören ist es des Weiteren wichtig, Neues im Gesagten zu entdecken und die Perspektive der anderen Person aufzunehmen, damit nicht nur die eigenen Erwartungen herausgehört werden. Verständnissignale durch Nicken oder akustische Zustimmung (durch *ja, ok, mmh*) halten den Informationskanal aufrecht und schaffen eine angenehmere Gesprächsatmosphäre für alle Sender*innen.

Gesprächsbeiträge dann aufzunehmen, weiterzuführen oder abzuwägen, ist wahre Kooperation im Gespräch. Es gilt die Ideen und Wörter aufzunehmen und in die eigene Sprache zu übersetzen. Anerkennung, aber auch aufrichtige Kritik zeugen von der Wertschätzung des Gesagten. Gerade Lob kann als Führungsinstrument eingesetzt werden: Nicht nur die Leistung selbst, sondern die Schritte auf dem Weg zur Leistung werden konkret anerkannt und benannt. Spezifisches Lob *(Toll, dass der Bericht informativ ist und vor der Deadline gekommen ist!)* ist dabei besser als generisches Lob *(Tolle Arbeit!)* (Höfer 2018). Um Missverständnisse zu vermeiden, kann es hilfreich sein, konfliktbehaftete Gesprächsbeiträge aufzunehmen und offen zu interpretieren *(Ich habe verstanden, dass/Ich höre heraus…)*, damit Missverständnisse möglichst klein gehalten und vor Gesprächsende geklärt werden.

Bereits nach 20 min wird die menschliche Aufnahmefähigkeit maßgeblich eingeschränkt (Pyczak 2016), sodass (digitale) Meetings durch klare Struktur, striktes Timekeeping und mit ausgewählten Kreisen von wirklich „Betroffenen" zur Effizienz beitragen, wobei Rederecht und Redezeit demokratisch verteilt werden. Sprachliche Operationen der sprachlichen Vorausschau *(uns erwartet noch…)*, der Zusammenfassung *(wir haben uns darauf verständigt, dass…)* und des Commitments *(X erledigt Y bis Z)* komplettieren den Werkzeugkoffer der digital-dialogischen Führungskraft. Anstatt mehrere Schleifen, die den Inhalt nur paraphrasieren und Gespräch unnötig in die Länge zu ziehen, zu drehen, um sich machtinitiativ zu positionieren, hilft auch hier die Konversationsmaxime der Relevanz, d. h. Einzelgespräche nur mit betroffenen Personen fortsetzen oder Commitments anhand der RAID-Logik[5] oder digitalen Tools des Wissensmanagements in Teams (z. B. Microsoft Teams) aufsetzen. Die Anwendung der dialogischen Führung trägt jedenfalls maßgeblich zu einer reflektierteren und vor allem effizienteren (Team-)Kommunikation bei. Viele (Kontroll-) und (Eskalations-)Meetings werden durch sie überflüssig.

> **Ihr Transfer in die Praxis**
> - Mehr weibliche Vorbilder innerhalb der Digitalisierung zeigen bzw. in den Vordergrund stellen.
> - Stärkung männlicher Mitstreiter, die sich vom autoritären dysfunktionalen Männlichkeitstypus absetzen und somit das Verständnis von männlicher Führung verschieben.
> - Demokratische und dialogische Führungskultur etablieren – digital und analog. Wie sieht Ihre Kommunikation bislang im Team aus?

Literatur

Baerd, Mary (2018): Frauen und Macht. Ein Manifest. Frankfurt am Main: S. Fischer Verlag.

Blazekovic, Jessica von (2019a): Die Zukunftsmanagerin. Reihe „Frauen in der Tech-Branche". In: FAZ, 20.10.19. https://www.faz.net/aktuell/wirtschaft/digitec/frauen-der-tech-branche-claudia-nemat-16411247.html (letzter Zugriff: 15.01.20)

Blazekovic, Jessica von (2019b): Airbus-Chefingeieurin Grazia Vittadini. Reihe „Frauen in der Tech-Branche". In: FAZ, 27.10.19. https://www.faz.net/aktuell/wirtschaft/digitec/die-grossen-frauen-der-tech-branche-grazia-vittadini-16411249.html (letzter Zugriff: 15.01.20)

DGB – Deutscher Gewerkschaftsbund (2017): Was bedeutet die Digitalisierung der Arbeitswelt für Frauen? Eine Beschäftigtenumfrage. Broschüre des Institut DGB-Index Gute Arbeit, März 2017.

---

[5]Im Projektmanagement steht RAID für Risks (R), Assumptions (A), Issues (I) und Dependencies (D) (GroupMap 2019).

Dr. fem. fatale (in Vorbereitung): Podcast. Zugriff über die Website https://drfemfatale.de/ (letzter Zugriff: 08.01.20).

Faschingbauer, Michael et al.: Effectuation – Was ist das? In: Effactuation in Forschung und Praxis, 2007–2019. https://www.effectuation.at/uebereffectuation/prinzipien-und-prozess/# (letzter Zugriff: 10.01.20)

Grice. Paul H. (1975): Logic and Conversation. In: Peter Cole, Jerry L. Morgan (Hrsg.): Speech acts (=Syntax and Semantics. Bd. 3). New York: Academic Press. S. 41–58 (in deutscher Sprache: Logik und Konversation. In: Georg Meggle (Hrsg.): Handlung, Kommunikation, Bedeutung (=Suhrkamp Taschenbuch Wissenschaft 1083). Frankfurt a.M.: Suhrkamp.

GroupMap (2019): RAID Analysis. https://www.groupmap.com/map-templates/raid-analysis/ (letzter Zugriff: 02.01.19)

Höfer, Ute (2018): Frauen in Führung – Tipps für weibliche Führungskräfte im Umgang mit Machtstrukturen. Whitepaper der Haufe-Akademie. https://www.haufe-akademie.de/downloads_shop/documents/67532.pdf (letzter Zugriff: 14.11.19)

Lennartz, Sven (2018): Was ist der Unterschied zwischen einem Blog und einem online Magazin? In: Conterest.de, 29.04.18. https://conterest.de/blog-oder-online-magazin/ (letzter Zugriff: 02.01.20)

Mehringer, Martin (2019): Deutschlands härteste Managerin. In: Manager Magazin, 23.05.19.

Meier, Kristina; Niessen-Ruenzi, Alexandra und Stefan Ruenzi (2019): The Impact of Role Models on Women's Self-Selection in Competitive Environments. Annual Conference 2018 (Freiburg, Breisgau): Digital Economy 181589, Verein für Socialpolitik / German Economic Association.

Onaran, Tijen; Reimer, Tanja und Celina Tarnow (2019): Zwischen Wunsch und Wirklichkeit. Digitalisierung und Diversität in Unternehmen. Eine Studie der Global Digital Women in Kooperation mit der Universität Flensburg. http://diversity-studie.global-digital-women.com/digitalisierung-und-diversitaet-in-unternehmen/ (letzter Zugriff: 10.01.20)

Pyczak, Thomas (2016): Die ideale Länge für eine Rede. In: Strategisches Storytelling, 04.10.16. https://www.strategisches-storytelling.de/die-ideale-laenge-fuer-eine-rede/ (letzter Zugriff: 10.01.20)

Roos, Martin (2009): „Viele versteckte Vorurteile gegenüber Frauen". Christoph Dänzer-Vanotti (E.on AG) im Interview mit den VDI Nachrichten. VDI Nachrichten, 28.08.19. https://www.ingenieur.de/karriere/arbeitsleben/fuehrung/viele-versteckte-vorurteile-gegenueber-frauen/ (letzter Zugriff: 10.01.20)

Schönfeld, Imme (2008): Führung durch Sprache. Düren: Shaker Verlag.
Selle, Anett (2016): „Edition F" und der Sexismus der CDU. In: Tagesspiegel, 28.09.16. https://www.tagesspiegel.de/gesellschaft/medien/eine-buehne-fuer-frauen-edition-f-und-der-sexismus-der-cdu/14609388.html (letzter Zugriff: 10.01.20)
Tonekaboni, Keywan Najafi (2015): Zum 200. Geburtstag: Ada Lovelace – die erste Programmiererin? In: Golem.de, 10.12.15. https://www.golem.de/news/zum-200-geburtstag-ada-lovelace-die-erste-programmiererin-1512-117919.html (letzter Zugriff: 02.01.20)
Vanderbroeck, Paul (2014): Leadership Strategies for Women. Lessons from Four Queens on Leadership and Career Development. Berlin/Heidelberg: Springer.
Werner, Kathrin (2019): Gleichberechtigung erst im Jahr 2276. In: Süddeutsche Zeitung, 17.12.19. https://www.sueddeutsche.de/wirtschaft/global-gender-gap-report-wef-gleichberechtigung-1.4725336 (letzter Zugriff: 02.01.20)

8
Female Empowerment in der Arbeitswelt 4.0

Es ist gut zu wissen, dass wir alles machen können.
Wir müssen nur damit anfangen.
(Julie Deane)

Was Sie aus diesem Kapitel mitnehmen
- Was versteht man unter Empowerment?
- Wichtige Stimmen und Empowerment-Regeln werden vorgestellt.
- Wie effektiv sind Mentoring und (Female) Leadership-Netzwerke?
- Weibliche Netzwerke sind noch zu ineffektiv und nutzen zu wenig Machtsponsoring.
- Gemischte Netzwerke sind mehr und mehr im Trend.

Wie können weibliche Führungskräfte in der Arbeitswelt 4.0[1], neben der Anwendung dialogischer Führung, (noch) gezielter ihre Stärken

---

[1]Unter Arbeit 4.0 (vierte industrielle Revolution) werden Veränderungen in der Arbeitswelt des 21. Jahrhunderts verstanden, bei der Arbeitsformen und -verhältnisse auf digitale Welten angepasst werden (Maschke 2017).

Permantier 2019.

einsetzen? Ein aktives Empowerment unterstützt nachweislich nicht nur eine bessere Unternehmenskultur, sondern hat auch positive Auswirkungen auf die wirtschaftliche Performance von Teams. Mit Empowerment[2] werden Strategien und Maßnahmen bezeichnet, die den Grad an Autonomie und Selbstbestimmung im Leben von Menschen erhöhen und es ihnen ermöglichen, ihre Interessen eigenmächtig und selbstbestimmt zu vertreten, indem sie ihre vorhandenen Gestaltungsspielräume wahrnehmen und Ressourcen nutzen (Keupp 2018). Im vorliegenden Kontext heißt dies, sich über ethische wie ökonomische Ungleichheiten bewusst zu werden und eine Verbesserung – bei sich und bei anderen – einzufordern.

Der sogenannte assimilierende Ansatz[3], demzufolge Frauen so wie ihre (alten) männlichen Kollegen agieren sollten, ist sicherlich nicht effektiv und inzwischen überholt, obwohl ein Teil der Coaching-Szene diesen weiterhin propagiert. Frauen in Führung müssen keine „besseren Männer" werden, sie können sich allerdings durchaus mehr Selbstbewusstsein und öffentliche Darstellung ihrer Erfolge erlauben. Ziel muss es sein, eine Kombination von Empowerment-Strategien für Individuen und Organisationen darzulegen, die existierende Führungsfrauen weiter bestärken und neue Frauen in Führung bringen.

In der Empowerment-Diskussion werden viele Stimmen bisheriger Führungsfrauen laut, die den (nachrückenden) Kolleginnen ihre Erfolgsgeschichten (Success Stories) präsentieren, allen voran Sheryl Sandberg (Lean In). In Deutschland gibt es bislang kein entsprechendes Pendant, auch wenn Sabine Asgodom (Business-Coach), Maren Martschenko (Vorsitzende der Digital Media Women) oder Heidi Stopper (Multi-Aufsichtsrätin) gern als mediale Idole hierfür angeführt

---

[2]Der Begriff Empowerment entstammt der US-amerikanischen Gemeindepsychologie und der US-Bürgerrechtsbewegung (Keupp 2018).
[3]August Höglinger spricht sich in seinem Buch Männer – was Frauen über sie wissen sollen (2006) ebenfalls gegen diesen (Lösungs-)Ansatz aus, „Denn je mehr Zeit vergeht und je länger wir uns bemühen, uns weiterzuentwickeln, umso näher kommt unsere Gesellschaft einem für alle Beteiligten sinnvollen Idealzustand […] Dieser Zustand, welcher der produktivste und dabei zugleich menschenfreundlichste sein wird, ist mit Sicherheit ein ‚weiblicher'".

werden. Wiederholt finden sich auch Online- wie Print-Interviews mit erfolgreichen Frauen, die gefragt werden, welchen Ratschlag sie anderen Frauen mit auf ihren Weg geben würden, wie etwa 2017 im Magazin Fortune (Seelig 2017). Auf den folgenden Seiten werden die sechs Hauptstränge aller Empowerment-Ratschläge nachgezeichnet, die für dieses Buch großflächig analysiert wurden:

Selbstwert mutig stärken
Selbstwert mutig stärken: „I don't shine if you don't shine" – Diese Gedanken fasst die Shine Theory von Aminatou Sow und Ann Friedman (2019) zusammen, wurde aber bereits von Sheryl Sandberg mit der Aufforderung „Amplify other women" (2013) populär gemacht. Sandberg widmet ein ganzes Kapitel der Problematik des mangelnden Selbstbewusstseins und der weiblichen Unterschätzung der eigenen Fähigkeiten. Schon bei jungen Frauen gebe es eine Kultur der Kritik, kaum jedoch eine des Stolzes und der wechselseitigen positiven Bestätigung. Die Forschung zu Verhandlungsstrategien belegt diese Thesen bisweilen in monetärer Hinsicht: So zeigen Männer eine größere Sicherheit über ihren Selbstwert in Verhandlungssituationen als Frauen und sind entschlossener, auch die andere Partei hiervon zu überzeugen. In einer Metaanalyse, die 51 Studien mit über 10.000 teilnehmenden Männern und Frauen zusammenfasste, ging hervor, dass Frauen Verhandlungen als unangenehmer empfanden und häufiger vermieden (Sagner 2017). Zur Stärkung des kommunikativen und mentalen Skillsets wird derzeit fast alles, begonnen bei Einzel-, Skype- oder Gruppencoachings bis zur Selbsttherapie (digital) auf dem Markt angeboten[4], begleitet vom Pareto-Mantra „Better done, than perfect".[5]

---

[4]Möglich ist genderspezifisches Coaching bei Dr. fem. Fatale, SheBoss, der Female Leadership Akademie oder Benning&Company. Vgl. hierzu auch den Zweig des Gender Consulting (Netzwerk Gender Consulting in Forschungsverbünden oder im Arbeitsrecht).
[5]Das Pareto-Prinzip besagt, dass 80 % der Ergebnisse mit 20 % des Gesamtaufwands erreicht werden. Die verbleibenden 20 % erfordern mit 80 % des Gesamtaufwandes quantitativ die meiste Arbeit.

Kathleen Murphy, Geschäftsführerin im Bereich Personal Investing beim Finanzdienstleistungsunternehmen Fidelity, empfiehlt mittels „Learning-by-doing" mutig voranzugehen und die eigene „Zukunftskompetenz" als Vertrauen in die eigenen Fähigkeiten, zu nutzen, die sich mit ausreichend Training in ein situationsspezifisches Handlungsprotokoll entwickeln. Das bestätigt auch die Forschung: Frauen schnitten in den beobachteten Verhandlungen besser als Männer ab, wenn sie bereits Verhandlungserfahrungen hatten, ausreichende Informationen über den Verhandlungsspielraum und nicht für sich selbst verhandelten (Sagner 2017).

Authentizität unbedingt wahren
Authentizität unbedingt wahren: Diesem Argumentationsstrang zugrunde liegt ein positives, humanistisches Menschenbild, das meist nicht explizit erwähnt wird (höchstens unter dem Begriff „offenes Mindset"). Authentizität zu wahren, bedeutet nämlich oft auch, von der (männlichen) Norm abzuweichen. So beschreibt Karen Lynch, Geschäftsführerin des amerikanischen Gesundheitskonzerns Aetna etwa, dass sie bewusst ein pinkes Kleid bei ihrer Beförderung trug (Lynch 2018). Die Gründerin und Geschäftsführerin der Berliner Digitalagentur TLGG, Fränzi Kühne, erzählt im Interview, dass sie 2017 mit Chucks als Schuhwerk vor den Aktionär*innen bei der Wahl in den Aufsichtsrat der Freenet Group auftrat (Schoener 2017). Mittlerweile hat sie ein zweites Mandat bei der Württembergischen Versicherung in Stuttgart. Die Wörter *authentisch, Authentizität* oder *Wahrhaftigkeit* werden in fast allen Success Stories erfolgreicher Frauen wiedergefunden. Ein weiteres deutsches Role Model ist die CEO des Maschinenbauers Trumpf, Nicola Leibinger-Kammüller, die von Haus aus als promovierte Germanistin bereits vom Durchschnitt abwich, da die meisten CEOs großer deutscher Unternehmen ein Ingenieursstudium vorweisen. Sie ist Mitglied in zahlreichen Aufsichtsräten, Beiräten und Kuratorien. 2011 führte sie bei Trumpf ein hochflexibles Arbeitszeitmodell ein, das die jeweilige Lebensphase der Mitarbeiter*innen berücksichtigt. Anfangs kritisiert, brachte das neue System, in dem zwischen 15 und 40 h pro Woche gearbeitet

werden kann, Trumpf zu neuen Höhenflügen (Hönl 2019). Auch die scheidende Personalvorständin Janina Kugel von Siemens machte in ihren öffentlichkeitswirksamen Vorträgen und TED-Talks immer wieder auf das Phänomen des otherings (Andersartigkeit) der People of Colour aufmerksam, wodurch sie ihre persönliche Diskriminierungserfahrung als Ausgangspunkt einer erfolgreichen kulturellen Transformation bei Siemens stellte. Performance- statt Präsenzkultur, flexible Arbeitsformen, Rücksichtnahme auf familiäre Bedürfnisse (z. B. Meetings nur zwischen 9.00 Uhr und 16.00 Uhr) werden beim Thema „Authentizität" ebenfalls gern im Diskurs angeführt.

Empathie nicht ablegen
Empathie nicht ablegen: Während sie lange als eher nebensächlicher Soft Skill abgetan wurde, gewinnt Empathie nicht nur im Female-Leadership-Diskurs wieder an Wert. Die Fähigkeit, sich in andere hineinzuversetzen (Mindreading), ist eine Eigenschaft, die bei vielen Frauen überdurchschnittlich gut ausgeprägt ist. Christiane Noll, die lange bei Microsoft in Führungspositionen arbeitete und inzwischen Geschäftsführerin vom IT-Unternehmen Avanade Österreich ist, bricht mit emphatischem Verhalten veraltete Strukturen in ihrem Arbeitsumfeld auf: „Neben Qualitäten wie Empathie und Verständnis liegt mein Fokus vor allem darauf, andere Frauen zu fördern – Frauen aus dem Hintergrund in den Vordergrund zu holen" (Kununu 2019). Empathie hilft, Missverständnisse zu vermeiden und schafft eine angenehmere Arbeitsumgebung, indem die Führungskraft neben den fachlichen auch die zwischenmenschlichen Beziehungen zu den Mitarbeitenden „auf Augenhöhe" sieht. Das „4-Ohren-Modell" von Friedemann Schulz von Thun hat bereits demonstriert, wie Menschen auf vielfache Weise sprechen und verstehen (Schulz von Thun o. D.). Nachrichten können unter den vier Aspekten Sachinhalt, Selbstoffenbarung, Beziehung und Appell gesendet bzw. gehört werden und dadurch Missverständnisse verursachen. Ein Bewusstsein für die Intensität der eigenen und empfangenen Wörter sowie die angemessene Dosis ihrer Expression bilden sich damit kontinuierlich aus. Gemeinsam mit Empathie werden als weitere wichtige Soft Skills im Diskurs ethische Prinzipien wie Aufrichtigkeit, Verantwortung, emotionale Flexibilität, Reflexionsfähigkeit

sowie ein (systemisches) Verständnis von psychologischen Prozessen (in Gruppen) genannt.

Kontinuierlich neugierig lernen
Kontinuierlich neugierig lernen: Lebenslanges Lernen, Neugierde und der Verweis auf das Lebens-/Führungslabyrinth finden sich in diversen Biografien von Managerinnen. Dies bezieht sich meist sowohl auf die fachliche als auch auf die persönliche Weiterentwicklung. Gerade letztere wurde in früheren Management-Perioden gern vergessen, was für disruptive Märkte und digitale Teams jedoch unabdingbar werden wird. Die Methode des Fragens aus der dialogischen Führung hilft beispielsweise nicht nur beim stetigen Ausbau des eigenen Wissens, sondern signalisiert auch nach außen Lernbereitschaft beim Hinterfragen des Status-Quos oder der eigenen Haltung. Nur so können echte Innovationen entstehen. Margaret Keane, CEO des Finanzdienstleisters Synchrony Financial beschreibt diesen Prozess wie einen Pfad: „Herausforderungen im Job und zu Hause führen oft dazu, dass du deinen ursprünglichen Pfad verlässt – vielleicht gehst du mal seitlich, oder gehst sogar runter auf unwichtigere Posten. Aber genau diese scheinbaren Umwege können deine Fähigkeiten und deine Erfahrung entscheidend prägen und am Ende deine Karriere beflügeln" (Seelig 2017). Folgende Wissensbereiche werden bei diesem Prozess in den meisten Fällen flankiert: allgemeines betriebs- und volkswirtschaftliches Wissen, Finanz- und Steuerwissen, Wissen um Organisationssteuerung, Budgetierung und Organisationstheorie, Verhandlungs- und Positionierungsfähigkeit, Marktwertbestimmung sowie Fachwissen aus dem jeweiligen (Führungs-)Bereich.

Überzeugende Vision kreieren
Überzeugende Vision kreieren: „Mach' die Welt zu deinem Zuhause" – Diese Vision hatte Connie Biesalski (2013), als sie den Blog Planet Backpack ins Leben rief, der inzwischen mit über 100.000 monatlichen Leser*innen einer der größten Reiseblogs Deutschlands ist. Zusätzlich betreibt die Pionierin des digitalen Nomad*innentums mehrere Onlinekurse und eine stationäre Werbeagentur. Die Bedeutsamkeit einer zielorientierten Vision des (Zusammen-)Arbeitens ist ein wiederkehrendes

Thema, wenn erfolgreiche Führungskräfte oder Gründer*innen befragt werden. Erst, wenn die eigenen Bedürfnisse und Werte als Führungsperson geklärt sind, kann die Vision – gern genannt in Verbindung mit (SMART[6]-)Zielen – sinnvoll im Team diskutiert werden. Dies bedeutet auch, transparent zu kommunizieren, warum genau eine Perspektive (un-)wichtig ist oder (nicht) verfolgt werden sollte. Nur so können Mitarbeiter*innen an der Vision teilnehmen und sie entlang der Unternehmensethik umsetzen. Ehrlich gemeinte und befolgte Werte[7] werden in Zeiten der Social Entrepreneurship und Sharing Economy die moralischen Stützpunkte jedes Unternehmens. Allerdings müssen sich Führungskräfte aus diesen Prozessen teilweise herausnehmen, um dem Team angemessenen Freiraum für die (Weiter-)Entwicklung zu geben. Dies motiviert alle, mehr (Selbst-)Verantwortung zu wagen. Individuelle Zuweisungen von Arbeitsbereichen unter Rücksichtnahme der Interessens- und Fähigkeitsbereiche sowie der Resilienz der Mitarbeiter*innen werden vor allem in den Bereichen New Work und Tech (z. B. bei Firmen wie Facebook, Alphabet oder Xing) diskutiert.

Macht positiv ausbauen
Macht positiv ausbauen: Sheryl Sandberg empfiehlt Frauen, sich „an den Tisch" zu setzen, nämlich an den Tisch der Entscheider*innen und nicht an denjenigen im Hintergrund (Sandberg 2013). Dies geht damit einher, über die eigenen Projekte oder Karriereziele bewusst zu sprechen, denn nur wenn diese bekannt sind, können Mentor*innen, Netzwerkkontakte oder andere Führungskräfte als Machtsponsor*innen agieren. Der positive Umgang mit Macht scheint für viele Frauen ein brisantes Thema zu sein, kommentiert Ute Höfer (2018), und definiert Macht als wichtige Fähigkeit, „Dinge getan zu bekommen und Ziele zu erreichen". Häufig sei Macht negativ konnotiert und werde als bedroh-

---

[6]SMART steht als Akronym für: S: spezifisch; M: messbar; A: attraktiv; R: realistisch; T: terminiert (Storch 2009).
[7]Das Unternehmen LUB der Autorin orientiert sich dabei an Werten des „guten Arbeitens", Umweltfreundlichkeit und radikaler Wissensorientierung (z. B. faire Bezahlung, 100 % Home Office, vegetarisches und papierfreies Office, 2 % Spende des Jahresumsatzes) (LUB 2019).

lich angesehen, was an der kulturell erlernten Verknüpfung von Macht und Männlichkeit durch Geschlechterrollenvorbilder liegt, die weit gefestigter ist, als diejenige von Macht und Weiblichkeit. Für Führungsfrauen ist es daher wichtig, einen individuellen Zugang zu Macht und Autorität zu finden, der Weiblichkeit und Empathie nicht ausschließen muss. Elena Greguletz et al. (2019) kommen folgerichtig zum Appell, Frauen sollten sich zu jedem Zeitpunkt ihrer Karriere bewusst sein, dass die Tendenz, ihren Wert zu unterschätzen, konträr zur aktuell hohen Nachfrage nach qualifizierten Frauen ist. Im Gegenteil: Frauen könnten sich ihrer Qualitäten und des daraus resultierenden objektiven „Marktwerts" sicher sein und entsprechend eine Führungskarriere und die Positionierung in Machtnetzwerken einfordern. Wichtig für ihre Visibilität bleibt: Kein Downgrading (oder das Team als Ausrede benutzen), sondern aktives Place-Taking (Eigenbeitrag wertschätzen).[8] Die Weltmeisterin im Kugelstoßen, Christina Schwanitz, sagt folgerichtig im Interview: „Ich bin unheimlich stolz" (Mölter 2018). Die Literatur zum Training von Führungskräften bestätigt, dass Frauen tendenziell den Wert ihres eigenen Beitrags für ein Projekt oder Netzwerk unterschätzen und folglich zurückhaltender im Kommunizieren dessen sind. Die Positionierung in Netzwerken zu verbessern, indem proaktiv und mit einem höheren Maß an Selbstbewusstsein agiert wird, scheint jedoch gerade im Austausch mit Personen in höheren Machtpositionen notwendig.

Neben diesen sechs Hauptsträngen, die unter dem Dach des Female Empowerments thematisch begangen und an das Individuum adressiert werden müssen, existieren auch kollektive und organisational verankerte Maßnahmen, u. a. Coaching, Mentoring oder spezielle (genderbezogene) Leadership-Netzwerke, auf die im Exkurs eingegangen wird.

---

[8]In diesem Zusammenhang wird auch das Imposter-Syndrom (Hochstapler*innensyndrom) als psychologisches Phänomen beschrieben, bei dem Betroffene von massiven Selbstzweifeln hinsichtlich eigener Fähigkeiten und Leistungen geplagt werden und ihre persönlichen Erfolge nicht internalisieren können (Spinath 2010). Bärbel Wardetzki spricht diesbezüglich auch vom „weiblichen Narzissmus" (Wardetzki 2007), der ein Wechselspiel aus Überhöhung und Abwertung nach sich zieht.

Exkurs: Coaching, Mentoring und (Female) Leadership-Netzwerke
„Some Leaders are born Women. Get used to it!" So lautet der Leitspruch eines der bekanntesten Leadership-Netzwerke für Nachwuchsführungskräfte, Panda. Das branchen- und unternehmensübergreifende Netzwerk lädt jährlich zum Panda Women Leadership Contest zum „freundlichen Wettbewerb" ein. Diverse Erhebungen belegen, dass Frauen, die andere Frauen branchenübergreifend fördern, erfolgreicher sind (Zalis 2019). Das Führungskräftenetzwerk Generation CEO wirbt daher auch exklusiv um Frauen im Top-Management, welche die Kriterien exzellente akademische Ausbildung, hohe Personal- und Projektverantwortung, internationale Führungserfahrung und signifikante Umsatz-, Ergebnis- und Budgetverantwortung erfüllen.

Ist eine Frau in Führung, ist es eher wahrscheinlich, dass sie andere Frauen nachzieht. Gemeinsam lassen sich Geschäftsideen diskutieren, wertvolle sensible Informationen austauschen oder pragmatische Hinweise zu Mikropolitik, Branchentrends oder Kapital-/Gehaltsgefüge aufnehmen. Um diesen kollegialen Peer-Austausch zu fördern, existieren inzwischen immer mehr organisationsinterne oder firmenübergreifende Leadership-Netzwerke.

Gerade firmenintern fehlt häufig eine interne Pipeline weiblicher Nachwuchsführungskräfte, die in Teams mit höherer Diversität resultieren. Dieser weibliche Talentpool ist jedoch nicht nur ein wichtiger Baustein des Female Leadership Managements, sondern auch eine Zukunftsstrategie von Unternehmen (Derakhchan 2019). Ein gelungenes Beispiel ist etwa das Programm iLead. Make it your Game der Unternehmensberatung Accenture. Dort begeben sich die Teilnehmerinnen gemeinsam mit dem Top Management in karrierebegleitende Coachings. Gerade die Unternehmensberatungen (z. B. auch McKinsey Women) sind in diesem Bereich sehr fortschrittlich, schaffen es dennoch nicht, den anfänglich umgarnten weiblichen Förderpool konsequent bis auf Partner*innenebene zu bringen. Die Commerzbank rief 2014 die Kommunikationsplattform SHE VIP in Berlin und Brüssel ins Leben, um weiblichen Führungskräften aus unterschiedlichen Teilbereichen der Gesellschaft regelmäßig einen Raum zur Diskussion innovativer Ansätze und zur Entwicklung von Führungsqualitäten zu geben. Neben dem Blog findet regelmäßig ein SHE-VIP-Lunch mit prominenten Gästen statt,

u. a. mit Politikerin Katharina Barley oder Schiedsrichterin Bibiana Steinhaus (Hartmann 2015).

(Inter-)nationale firmen- und branchenübergreifende (Frauen-)Netzwerke werden fast wöchentlich inflationär aus dem Boden gestampft, weshalb sie in vielen Fällen nicht die Qualität halten, die sie versprechen.[9] Vorbild sind häufig die von Sheryl Sandberg initiierten Lean-In-Circles aus den USA. In diesen agieren Frauen gegenseitig effektiv als Mentorinnen und Sponsorinnen. In nicht allen Netzwerken, gerade wenn diese digital und auf hohen Durchlauf ausgelegt sind, können Mitglieder jedoch die gegenseitige Wertschätzung von Arbeit leisten oder durch die gewünschte „Sisterhood" stärken. Gerade das weiterempfehlende Lob fällt vielen Frauen schwer und so bauen sie in Summe weniger Verbindungen zu einflussreichen oder mächtigen Netzwerkpartner*innen als Männer auf, was ihnen strukturelle Nachteile verschafft.

Weibliche Netzwerke noch zu ineffizient
Frühere wissenschaftliche Studien hatten die geschlechterspezifischen Unterschiede von professionellen Netzwerken vor allem in deren Größe und Qualität gesehen. Die hiesige Forschung nennt noch einen weiteren Aspekt. In der kürzlich publizierten Interviewstudie der Unternehmensberaterin Elena Greguletz et al. (2019) wurden 37 weibliche Führungskräfte interviewt, um die Gründe dafür zu erörtern, warum Netzwerke von Frauen oft weniger leistungsfähig und effektiv hinsichtlich der daraus erwachsenden Karrierevorteile sind. Weniger die externen Barrieren des strukturellen Ausschlusses von Frauen aus Machtnetzwerken, sondern die intrinsischen Barrieren, soziale Beziehungen zu instrumentalisieren, galt als zentrales Element. Diese „beziehungsorientierte Moralität" bezeichnet die Tendenz von Frauen, eine einseitige Bevorteilung der eigenen Person durch eine Netzwerkbeziehung zu unterbinden. Im Vergleich zum bei Männern beobachteten eher utilitaristischen Netzwerkansatz wurde diese Haltung durch die weibliche Tendenz der „geschlechterspezifischen Bescheidenheit" beziehungsweise des Downgradings im professionellen

---

[9]Die Finanzvorständin der Digital Media Women, Ute Blindert, bietet auf ihrer Website eine gut gepflegte und übersichtliche Liste zu (intern-)nationalen Frauennetzwerken an (Blindert 2018).

Kontext verschärft. Diese Ergebnisse komplettieren nochmals das Bild der mangelnden Effektivität weiblicher beruflicher Netzwerke im Vergleich zu männlichen Kollegen.

Gemischte Netzwerke mehr und mehr im Trend
Auch Männer müssen anfangen, gemeinsam mit Frauen die Gemeinschaft neu zu erfinden, um geschlechterübergreifende Führungsnetzwerke – abseits der männerdominierten Rotary- und Lions-Clubs – zu bilden.[10] Eine Studie des Harvard Business Review zeigte, dass Männer und Frauen Vorteile davon tragen, in einem Netzwerk von diversen und gut verbundenen Peers zu interagieren. Vereinzelt wird auch berichtet, dass Frauen ältere Männer als Door Opener in einem gemischten Netzwerk nutzten, um deren bereits etablierte Kontakte zu übernehmen, was auch in unseren Coachings als erfolgreiche Strategie gesehen wurde. Männer in Führungspositionen sollten ihr Netzwerk daher unbedingt für (jüngere) Frauen öffnen. Auch die jetzige SAP-Vorständin Jennifer Morgan wurde bereits seit einigen Jahren vom scheidenden Vorstandsvorsitzenden Bill McDermott gefördert. Geschlechtergemischte Netzwerke wie Initiative Chefsache tun sich neuerdings allerdings keinen Gefallen mit ihrem Naming, da sie durch das Wort Chef* traditionelle Geschlechterrollenmuster bedienen. Die Unternehmen der #30mit30-Kampagne der Digital Media Women haben dagegen erfolgreich Mentoringprogramme für Führungskräfte eingeführt, die Frauen gezielt ansprechen und rekrutieren (Digital Media Women 2019).

> **Ihr Transfer in die Praxis**
> - Ein aktives Empowerment als Führungskraft bei sich selbst und anderen anwenden.
> - Etablierung einer internen „Pipeline" weiblicher Nachwuchsführungskräfte, die neue Managerinnen in Teams mit höherer Diversität bringen.
> - Weibliche Netzwerke initiieren und Frauen effizienter beim Umgang mit positiver Macht- und Netzwerkkommunikation machen.

---

[10]In bestimmten Clubs sind teilweise keine Frauen zugelassen, was neuerdings zur Diskussion um den Entzug des Labels der Gemeinnützigkeit, und damit zu Steuernachteilen von Vereinen, führt (SPIEGEL Online 2019).

Literatur

Biesalski, Conni (2013): Mach' die Welt zu deinem Zuhause: Das Planet Backpack Manifest. In: Planet Backpack, 2019. https://www.planetbackpack.de/mach-die-welt-zu-deinem-zuhause-das-planet-backpack-manifest/ (letzter Zugriff: 10.01.20)

Blindert, Ute (2018): Frauen-Netzwerke: Warum sie wirklich sinnvoll sind! In: Ute Blindert 2018. https://www.uteblindert.de/blog/frauen-netzwerke-deutschland/ (letzter Zugriff: 10.01.20)

Derakhchan, Marcel Ramin (2019): Zweimal drei Tipps zum Start von Frauen in eine neue Führungsposition. In: Digital Leaders Advisory, 02.07.19. https://www.dladvisory.de/perspektiven/zweimal-drei-tipps-zum-start-von-frauen-in-eine-neue-fuehrungsposition/ (letzter Zugriff: 10.01.20)

Digital Media Women (2019): #30mit30 – Mit Frauen erfolgreich die Zukunft gestalten. In: Digital Media Women. https://digitalmediawomen.de/30mit30/ (letzter Zugriff: 03.12.19)

Greguletz, Elena, Marjo-Riitta Diehl, und Karin Kreutzer (2019): Why Women Build Less Effective Networks than Men: The Role of Structural Exclusion and Personal Hesitation. In: Human Relations 72 (7). S. 1234–1261.

Hartmann, Ilka (2015): SHE VIP. In: Commerzbank-Blog, 29.06.15. https://blog.commerzbank.de/verantwortung/15q2/she-vip.html (letzter Zugriff: 02.01.20)

Höfer, Ute (2018): Frauen in Führung – Tipps für weibliche Führungskräfte im Umgang mit Machtstrukturen. Whitepaper der Haufe-Akademie. https://www.haufe-akademie.de/downloads_shop/documents/67532.pdf (letzter Zugriff: 14.11.19)

Höglinger, August (2006): Männer – Was Frauen über sie wissen sollten. Linz: A. Höglinger.

Hönl, Ramona (2019): So funktioniert Wahlarbeitszeit bei TRUMPF. In: TRUMPF 2019. https://www.trumpf.com/de_DE/magazin/so-funktioniert-wahlarbeitszeit-bei-trumpf/ (letzter Zugriff: 03.12.19)

Keupp, Heiner (2018): Empowerment. In: Graßhoff G.; Renker A. und W. Schröer (Hrsg.): Soziale Arbeit. Wiesbaden: Springer VS. S. 559–571.

Kununu (2019): „Female Leaders verändern die Spielregeln der Männerdomänen„ – Christiane Noll über Frauen in der IT. Teil der Interview-Serie „The future is…", Kununu Blog, 23.05.19. https://news.kununu.com/female-leadership-interview-christiane-noll/ (letzter Zugriff: 15.04.20)

LUB – Linguistische Unternehmensberatung (2019): Über LUB. https://www.lub-mannheim.de/ueber-lub/ (letzter Zugriff: 08.01.20)

Lynch, Karen (2018): How One Of Healthcare's Most Powerful Women Turned Personal Tragedy Into Her Driving Passion. In: Forbes, 24.04.18. https://www.forbes.com/sites/forbes-summit-talks/2018/04/24/how-personal-tragedy-drives-the-passion-behind-one-of-healthcares-most-powerful-women/#7185162a42a6 (letzter Zugriff: 10.01.20)

Maschke, Manuela (2017): Arbeiten 4.0 – Positionen zum Reformbedarf. In: Romahn, Regine (Hrsg.): Arbeitszeit gestalten: Wissenschaftliche Erkenntnisse für die Praxis. Weimar: Metropolis-Verlag. S. 17–22.

Mölter, Joachim (2018): Christina Schwanitz: Mama plus. In: https://www.sueddeutsche.de/sport/christina-schwanitz-mama-plus-1.4064450 (letzter Zugriff: 10.01.20)

Permantier, Martin (2019): Haltung entscheidet. Führung & Unternehmenskultur zukunftsfähig gestalten. München: Vahlen.

Sagner, Franziska: (2017): So, und jetzt zum Geschäftlichen…! Wer verhandelt besser – Frauen oder Männer? In: Gesellschaft für empirische Organisationsforschung, 01.09.17, http://gfeo.de/2017/09/wer-verhandelt-besser-frauen-oder-maenner/ (letzter Zugriff: 10.01.20)

Sandberg, Sheryl (2013): Lean In: Women, Work, and the Will to Lead. New York: Knopf.

Schoener, Johanna (2017): „Warum sollte ich mich verkleiden?" Fränzi Kühne im Interview. In: DIE ZEIT Nr. 24/2017. https://www.zeit.de/2017/24/fraenzi-kuehne-aufsichtsrat-freenet-frauenquote (letzter Zugriff: 03.12.19)

Schulz von Thun, Friedemann (o. D.): Das Kommunikationsquadrat. In: Schulz von Thun Institut für Kommunikation. https://www.schulz-von-thun.de/die-modelle/das-kommunikationsquadrat (letzter Zugriff: 02.01.20)

Seelig, Lisa (2017): Rat von den mächtigsten Frauen der Welt: „Persönliche Entwicklung und Komfort kriegst du nie gleichzeitig!" Edition F. https://editionf.com/karriere-ratschlaege-der-erfolgreichsten-frauen-der-welt/ (letzter Zugriff: 13.11.2019)

Sow, Aminatou und Ann Friedman (2019): Shine Theory. https://www.shinetheory.com/ (letzter Zugriff: 03.12.19)

SPIEGEL Online (2019): Olaf Scholz will Steuervorteile für Männervereine abschaffen. 10.11.19. https://www.spiegel.de/politik/deutschland/olaf-scholz-reine-maennervereine-sollen-nicht-mehr-gemeinnuetzig-sein-a-1295744.html (letzter Zugriff: 03.12.19)

Spinath, Birgit (2010): Imposter-Phänomen: Die eingebildeten Schwindler. In: Gehirn & Geist 3/2010.

Storch, Maja (2009): Motto-Ziele, S.M.A.R.T.-Ziele und Motivation. In: Bernd Birgmeier (Hrsg.): Coachingwissen. Denn sie wissen nicht, was sie tun? Wiesbaden: VS Verlag für Sozialwissenschaften. S. 183–205.

Wardetzki, Bärbel (2007): Weiblicher Narzissmus. Der Hunger nach Anerkennung. München: Kösel.

Zalis, Shelley (2019): Power of the Pack: Women Who Support Women Are More Successful. 6. März 2019 Forbes.

9

Ganzheitliches Female Leadership Management

> **Was Sie aus diesem Kapitel mitnehmen**
> - Maßnahmen für ein aktives Female Leadership Management werden zusammengefasst dargestellt.
> - Es gibt ein Instrumentarium gesetzlicher, organisationaler und individueller Maßnahmen zum ganzheitlichen Female Leadership Management.
> - Die Maßnahmen der Organisation wenden sich explizit an Führungskräfte, Frauen und Männer.
> - Weiterführende Diskurse und neuralgische Schnittstellen werden vorgestellt.
> - Sie erhalten wichtige Impulse für eine Verbesserung auf dem Weg zur Arbeitswelt 4.0.

„Eine Galionsfigur an der Spitze reicht nicht aus", sagt Thomas Sattelberger, der als Personalleiter bei der Deutschen Telekom 2010 als erster DAX-Vorstand eine Frauenquote für Führungspositionen einführte (Bund et al. 2019). Die vorherigen Kapitel haben die derzeitige Situation von Führungsfrauen in den Bereichen Wirtschaft, Wissenschaft und Politik klar aufgezeigt und bereits Best Practices, Role

Models sowie Empowerment-Maßnahmen für Frauen in Führung angerissen. Sie haben aber auch die Vorurteile und Stereotype aufgeführt, die Menschen kollektiv und individuell stereotypisieren und eine Systemänderung beschwerlich machen. Frauen, die sich in Führungspositionen halten oder aufsteigen wollen, müssen enormen systemischen wie kulturellen Hürden entgegentreten, die es ihnen erschweren, rasch voranzuschreiten. Weitere Punkte betrafen den vermeintlichen Konflikt zwischen Berufs- und Familienleben sowie die soziale Homophilie geschlossener Männernetzwerke, aber auch die persönliche Zurückhaltung von Frauen, Netzwerkbeziehungen als Machtzugänge zu nutzen. Das jetzige Kapitel fasst zum Abschluss alle genannten und empirisch wirkungsvollen Maßnahmen für ein ganzheitliches Female Leadership Management zusammen, das aktiv in Organisationen zur Änderung des Status-Quos betrieben werden muss. Es gilt, Female Leadership Management endlich systematisch in Unternehmen, Kommunen, politische und Bildungsorganisationen zu verankern.

9.1 Instrumentarium für ein ganzheitliches Female Leadership Management

Das abgebildete Instrumentarium (Tab. 9.1) eröffnet Perspektiven und Möglichkeiten auf gesetzlicher, organisationaler und individueller Ebene zur Änderung der bestehenden Verhältnisse. Im Instrumentarium wird sichtbar, dass es vier Hauptakteur*innen dafür gibt, die mit unterschiedlichen Maßnahmen angegangen werden können: Organisationen, Führungskräfte, Frauen und Männer. Diese können jeweils auf der gesetzlichen, organisationalen und individuellen Ebene adressiert werden.[1] Um den Erfolg der vorgeschlagenen Einzelmaßnahmen zu

---

[1] Die Unternehmensberatung McKinsey hatte bereits zwischen 2007 und 2012 in den Women Matter-Studien (McKinsey und Company 2012) die Akteur*innen Regierungen, Organisationen und Frauen herausgearbeitet, was jedoch zu kurz gegriffen erscheint. Ebenfalls finden sich überblickshafte Darstellungen bei Hansch (2016) und Szebel-Habig (2018) sowie beim Projekt „Was verdient die Frau" des DGB (2020).

Tab. 9.1 Instrumentarium Female Leadership Management

Gesetzliche Maßnahmen
• Flächendeckende Ausweitung der Geschlechterquoten (z. B. Frauenquoten ab erster Führungsebene, im Vorstand, in Gremien, in Leitungsfunktionen des öffentlichen Dienstes, in KMUs)
• Arbeitszeit- und Arbeitsortflexibilisierung (Brückenteilzeitgesetz, Arbeitszeitsouveränität, Reform von Minijobs zur sozialen Absicherung, Stärkung von Teilzeit-Konzepten (Gender Time Gap), Recht auf Home Office)
• Steuer- und Finanzgesetze/-ausgleiche (Entgelttransparenzgesetz: Auskunftsrecht unabhängig von Unternehmensgröße, Sanktionsmöglichkeiten, Verbandsklagerecht, Gesetze zu Equal Pay und Equal Pension, Abschaffung des Ehegattensplittings)
• Familien- und Sozialpolitik (längere Eltern-/Familienzeiten, Rentenpunkte für Familien-/Pflegezeit oder Ausübung von Ehrenamt, staatliche Anreize zur partnerschaftlichen Aufteilung der Familienarbeit/Dual Career wie ElterngeldPlus, verbesserte und staatlich garantierte Betreuungsinfrastruktur bei Kitas, Kindergärten, Pflegeeinrichtungen, Zuschüsse)
• Medien- und Bildungspolitik (sexismus- und stereotypenfreie Darstellung der Geschlechter in Medien und Werbung, besondere Förderung von Mädchen und Frauen im MINT- & Tech-Bereich, Finanz- und digitale Bildung (Financial & Digital Literacy) ab Schulniveau)
• Reform des Vereinsrechts (kein Ausschluss von Geschlechtern in Vereinen, Aufwertung von Care-Berufen durch Ehrenamt, monetäre Anerkennung)
• Gesetzesfolgenabschätzung auf die Lebenssituation verschiedener Geschlechter (gleichstellungsorientierter Bundeshaushalt, Behebung des Gender Data Gap)

(Fortsetzung)

Tab. 9.1 (Fortsetzung)

Gesetzliche Maßnahmen

Organisationale Maßnahmen

Akteur*in	Personal-beschaffung	Personalentwicklung	Personalbindung	Personal-kommunikation	Mögliches Monitoring (Kennzahlen/KPIs)
Organisation (Zielverein-barungen)	Gendersensible HR-Auswahl-techniken, z. B. genderblindes Recruitment, heterogene Auswahl-gremien, bevorzugte Einstellung von Frauen bei gleicher Qualifikation	Gendersensible Personalentwicklungs-programme mit Quoten, Talentpool (Transparenz in Aufstiegsmöglich-keiten), Identifikation von weiblichen High Potentials, Kopplung von Boni an Genderziele	Regelmäßige Befragungen zu Chancen-gleich-heit, Infrastruktur-bereitstellung (Kinder oder Pflege), Umwandlung unfreiwilliger Teizeitstellen und Minijobs zu vollen Stellen (Gender Time Gap), Erfolgsbeteiligung bei Teilzeit	Gender-Berichte beim Vorstand, im Geschäfts-bericht und CSR-Bericht, ressortüber-greifende Gleichstellungs-strategie, Betriebs-vereinbarung zur Chancen-gleichheit, Einsatz gender-gerechter Sprache (intern und extern), gendergerechtes Employer Branding	Soll-Ist-Quoten, Quote Frauen im Vorstand, Auf-sichtsrat und im Management, Quoten bei Personal-entwicklungs-programmen, Quoten Frauen im Talentpool, Ein-führung des FKI (Frauen-Karriere-Index), Anzahl Frauen in vollen Stellen, Anzahl von Gender-Befragungen, -Berichten, Anzahl und Art Kinder-/Pflegeplätze

(Fortsetzung)

Tab. 9.1 (Fortsetzung)

Gesetzliche Maßnahmen				
Vorgesetzte	Vorgaben für Einstellungen von Frauen, KI-Einsatz zur Unconscious Bias-Reduktion, Gender-Targets für Shortlists	Sensibilisierung (z. B. zu Unconscious Bias), Gender-Awareness-Trainings Einzel und Team, Ermunterung von Männern zu Familienzeiten, Einführung von FeMale-Führungs-tandems	Offenlegung bzw. Behebung von Gender Gaps, Erhebung von genderspezifischen Drop-Out-Quoten, Mentoring im Team, gezieltes Scouting von Frauen für Führungspositionen, Aufhebung von Gender Bonus Gap, Zulassung flexibler Arbeitsmodelle, Empfehlung von und Öffnung der eigenen Netzwerke für Frauen, Einführung demokratischer Meetingkultur	Präsentation von Role Models, keine Einberufung von all-male-Panels, Kommunikation von Vereinbarkeit auf Führungsebene, Hinweis auf Work-Life-Balance, Men's Talk (Männer erreichen, die Gleichstellung als Frauenthema abtun)	Gender-Targets für Shortlists, Frauen in Führung pro Bereich, Anzahl Trainings oder Mentorings, Gender Pay, Pension und Bonus Gap pro Bereich, Drop-Out-Quoten, Bereich, Maßnahmen flexibles Arbeiten (z. B. Mitarbeiter*innen in Telearbeit, Familienzeit oder Eltern-Kind-Büro), Anzahl Führungsperson in Teilzeit oder Familienzeit

(Fortsetzung)

Tab. 9.1 (Fortsetzung)

Gesetzliche Maßnahmen					
Frauen	Extra-Boni bei Einstellung, Active Scouting oder Executive Search in (Online-) Frauennetzwerken oder auf Karrieremessen, Erhöhung des Anteils weiblicher Auszubildender	Trainings für Female Onboarding, Pool für Executive Board-Kandidatinnen, Tenure-track Programme mit Berücksichtigung flexibler Lebensphasen, Frauenfrühstücke mit Begleitung	Interne (Frauen-)Karrierenetzwerke, Mentoring, (gegenseitiges) Coaching, kollegiales Feedback, Angebote zu „Career Breaks" (Familienzeiten, Sabbaticals) mit konstanten Weiterbildungsmöglichkeiten	Sichtbarkeit durch Role Models, Role Models als Mentor*innen, sichtbare Positionierung von Frauen im Top-Management, Berichte über weibliche High Potentials, sprachliche Anpassung im Wording von Stellenanzeigen und Karriereseiten, stationäre Veranstaltungen wie Girl's Day, MINT Day, Campus Tour etc	Anzahl weiblicher Einstellungen (z. B. Azubis), Anzahl der weiblichen Führungskräfte aus dem Talentpool, Anzahl Karriereetzwerke, Quotient Bewerbungen/ Einladungen/ Einstellungen von Frauen pro Kommunikationskanal

(Fortsetzung)

Tab. 9.1 (Fortsetzung)

Gesetzliche Maßnahmen

Männer	Programme für Männer in frauendominierten Bereichen, z. B. Care, Teilzeitaufwertung	Gender-Awareness-Trainings und Sensibilisierung (z. B. zu Unconscious Bias), Trainings zu Toxic Masculinity, spezifische Dual-Career-Angebote	Interne (Männer-)Netzwerke (für Väter, Queers etc.), Angebote zu „Career Breaks" (Familienzeiten, Sabbaticals) mit konstanten Weiterbildungsmöglichkeiten, Einführung von Väterschutzzeiten	Role Models „Karriereväter" zur Vereinbarung von Familienpflichten und Karriere (Gender Care Gap), PR zu Teilzeit und Elternzeit, Absage bei all-male-Panels	Anzahl Männernetzwerke, Anzahl gemischte Netzwerke, Anzahl Väter in Familienzeit (Kinder, Pflege, Ehrenamt) oder Sabbatical, Anzahl Dual-Career-Couples

Individuelle Maßnahmen: Female Empowerment, dialogische Führung, Mentoring- und Netzwerkarbeit etc. (vgl. Kap. 6, 7 und 8)

monitoren, werden im Instrumentarium zudem exemplarische Kennzahlen (KPIs) vorgeschlagen, die den bisherigen Gender Data Gap angleichen könnten, der Technik, Infrastruktur und gesellschaftliche Institutionen durchzieht.[2]

9.2 Weiterführende Diskurse und neuralgische Schnittstellen

Die im Instrumentarium aufgeführten Maßnahmen sind teilweise schwer zu trennen, überlappen sich und beeinflussen sich gegenseitig. Dass Frauen als organisationale Maßnahme ein fachliches Training zum Thema Finanzen in Anspruch nehmen könnten, da sie häufig schlechter bei Gehaltsverhandlungen abschneiden, ist u. a. eine Folge ihrer struktureller Benachteiligung (zu wenig Macht- und Erfahrungswissen in Eliten). Dies würde sich auch durch gesetzliche Maßnahmen zu Equal Pay ändern lassen. Diese Überschneidungen und Wechselwirkungen zwischen den Ebenen Gesetzgebung, Organisation und Individuum müssen kritisch diskutiert und abgewogen werden. Zum Abschluss des Buches werden nun mögliche Diskussionspunkte an neuralgischen Schnittstellen angerissen.

Quoten einhalten und stärker sanktionieren
Die gesetzlich verordnete Quote wurde in Deutschland[3] bislang nur für große Unternehmen und deren Aufsichtsräte durchgesetzt. „0 % Frauenquote auch in Zukunft nicht zu unterschreiten" (Allbright 2019) lautet es in diversen Statements der betroffenen Firmen, sodass die Quote nicht nur ansatzweise erfüllt wird. Während einige privatwirtschaftliche Großunternehmen hier bereits nachgearbeitet haben,

---

[2]Gesellschaftliches Wissen (u. a. Medizin-, Produkttest oder Aspekte wie Technik, Sicherheit und Verkehr) wurde zum größten Teil von Männern an Männern gemessen, was zu einem geschlechterspezifischen Verzerrungseffekt (Gender Data Gap) führt.
[3]Neben Deutschland haben Österreich, Belgien, Dänemark, Frankreich, Irland, Island, Italien, Spanien und die Niederlande in den vergangenen Jahren eine Frauenquote für Aufsichtsräte in Kapitalgesellschaften eingeführt.

müssen der Wirtschaftsmotor Mittelstand und KMU, ebenso wie andere Organisationssysteme in Bildung, Politik und öffentlicher Verwaltung, flächendeckend integriert werden. Außerdem sind Quotierungen auch für andere Bereiche und Hierarchiestufen zu diskutieren (z. B. Geschlechterquoten bei der Müllentsorgung oder in der Care-Arbeit).

Die Quotengesetzgebung hat sicherlich eine verstärkte Debatte über Frauen und ihre Stellung in der deutschen Gesellschaft und Unternehmenskultur mit sich gebracht. Vereinzelt werden daneben auch negative Bedenken, vor allem hinsichtlich der möglichen Diskriminierung von Männern und der „Abwertung" von Frauen an der Spitze (Quotenfrau) geäußert, obwohl es neben Gerechtigkeitsaspekten auch stichhaltige Gründe aus der Makroökonomie (Ausschöpfung des Humankapitals) und der Mikroökonomie (Zusammenhang zwischen Diversität und Unternehmenserfolg) gibt.[4]

Laut Deutschem Institut für Wirtschaftsforschung (DIW) hat die Quote für mehr Frauen in Aufsichtsräten wenig signifikante Effekte mit Blick auf Frauenkarrieren innerhalb des gesamten Unternehmens erzielt, obwohl ein leichter Anstieg bei Frauen in Vorständen beobachtet wurden (Trickle-Down-Effekt) (DIW 2020). Ein kausaler Zusammenhang ist aber noch nicht nachweisbar. Einen größeren „Durchbruch" könnte die Quote haben, wenn Sanktionen verhängt würden: In Norwegen, das im Jahr 2003 als erstes Land eine verbindliche Frauenquote für hohe Führungspositionen in börsennotierten Unternehmen und solche im Staatsbesitz eingeführt hatte, befinden sich 41 % Frauen im Top-Management. Auch in anderen europäischen Ländern, die harte Sanktionen verhängen, wenn Unternehmen sich nicht an die Frauenquote halten, liegt der Frauenanteil in hohen Positionen bei durchschnittlich 39 %, etwa in Frankreich, Belgien oder Italien. Bei gemäßigteren Zwangsmaßnahmen stieg der Frauenanteil in Führungspositionen lediglich von 7 % im Jahr 2003 auf 29 % im Jahr 2019, beispielsweise in Deutschland, Österreich und Portugal (Amerland

---

[4]Diese Position ist in der Ökonomie weiterhin umstritten, da Unternehmensresultat und Governance nicht direkt kausal zusammenhängen.

2019). Gesetzlich verordnete Geschlechterquoten müssen daher sichtlich stringenter durchgesetzt werden, d. h. es bedarf keiner flexiblen, sondern starrer Quoten.[5]

Corporate Governance als faktischen Rahmen stärken
Um über gesetzliche Regelungen hinaus die gleichberechtigte Teilhabe an Führungspositionen zu ermöglichen, kann auch die Corporate Governance als rechtlicher Ordnungsrahmen für die Leitung und Überwachung von Unternehmen zum Wohlwollen aller relevanten Anspruchsgruppen gestärkt werden. Bestehende Selbstverpflichtungen von Organisationen haben bisher allerdings zu keinen signifikanten Veränderungen geführt. In der Praxis werden häufig ehemalige Personen aus der Geschäftsführung in den Aufsichtsrat berufen. Es muss also intern auch transparentere Bestimmungen und Betriebsvereinbarungen zu Genderpolitik und Chancengleichheit geben, um Machtverhältnisse in Gremien fair zu verteilen. Regelmäßige Befragungen bei Mitarbeiter*innen zeigen die Umsetzungsakzeptanz diesbezüglich an. Ebenfalls sind Gesetze zur paritätischen Zusammensetzung von Gremien notwendig sowie solche gegen all-male-Boards, wie etwa in Kalifornien bereits geschehen (Carpenter und Wattles 2018).

Möglicherweise sind Aufsichtsrat und andere Gremien aber auch schlicht die falschen Ansatzpunkte, um eine wirksame Geschlechterdurchmischung (in der Führung) zu etablieren. Es könnte sein, dass sich Frauenkarrieren besser „von unten" fördern lassen, etwa durch gesetzlich bzw. organisational angebotene Kinder- und Pflegebetreuung, Jobsharing-Möglichkeiten, Mentoring oder frauenfreundlichere Bewerbungs- und Einstellungsprozesse (Bös 2019). Viel spricht dafür, dass Quoten erst dann helfen, wenn andere (kulturellen) Rahmenbedingungen ausreichend erfüllt sind: Auch männliche Führungskräfte

---

[5]Island sticht als Land ohne strikte Restriktionen, aber mit Geschlechterquote, deutlich heraus. So lässt sich hier ein rasanter Anstieg in den drei Jahren nach der dortigen Einführung 2010 verzeichnen, allerdings als Sonderfall. In Island sei „der Frauenanteil von 16 auf 48 % hochgeschnellt, weil in Folge der weltweiten Finanzkrise 2008 das Vertrauen in die Führungsetagen, insbesondere der Finanzwirtschaft, derart erschüttert war, dass das Management ausgetauscht und oftmals durch weibliche Führungskräfte ersetzt wurde" (Amerland 2019).

wollen nicht mehr in einer Unternehmenskultur arbeiten, in der Führungsarbeit und Privatleben nicht vereinbar sind oder die 40-Stunden-Woche regelmäßig verdoppelt wird.

Verbesserte Arbeits(-markt)bedingungen schaffen
32 h sind die neue Vollzeit, sagt Jutta Allmendinger, Präsidentin des Wissenschaftszentrums Berlin für Sozialforschung, die sich mit den Themen neue Arbeitswelten und Geschlechterrollen kritisch auseinandersetzt (Ernst 2017). In einigen Ländern, wie beispielsweise England, gibt es auch ohne Quoten eine (relativ) große Anzahl weiblicher Vorstände, was möglicherweise an guten Rahmenbedingungen für Frauen liegt.

Die deutsche Arbeits(-markt)politik muss definitiv Rahmenbedingungen ändern, damit Frauen (und Männer) ihre Karrierewünsche besser umsetzen können. Dies beinhaltet, dass die Entscheidung für ein Privatleben oder eine Familiengründung kein Ausschlusskriterium für eine Führungsposition sein darf, was bezüglich eines progressiven Mindsets der Führung bereits diskutiert wurde. In Deutschland steht darüber keine flächendeckende und umfassende erschwingliche staatliche Kinder- oder Pflegebetreuung zur Verfügung. Außerdem fehlt ein finanzieller Ausgleich für Mütter bzw. Väter, um den durch die Elternzeit verursachten Lohnrückstand anfangs aufzufangen. Nur 80 % der Väter nehmen zwei Monate der Elternzeit. Es ist derzeit für Paare in der Regel finanziell attraktiver, das geringere Gehalt innerhalb des Paares durch Elterngeld zu ersetzen. Der bereits bei der Einstellung auftretende Gender Pay Gap führt dazu, dass somit häufiger Frauen den größeren Teil der Elternzeit nehmen und sich der Gender Pay Gap sowie individuelle Karrierenachteile damit weiter zementieren.

Auch die (Lohn-)Arbeitszeiten von Frauen und Männern unterscheiden sich stark (Gender Time Gap). Im Schnitt verbringen Frauen wöchentlich 8,4 h weniger in ihrer Erwerbsarbeit als Männer, also ziemlich genau einen Tag Erwerbsarbeit pro Woche. 46 % aller erwerbstätigen Frauen arbeiten in Teilzeit, während die meisten Männer Vollzeit erwerbstätig sind (nur 11 % der Männer arbeitete in Teilzeit). Die Mehrheit der Frauen begründet ihre Teilzeittätigkeit mit familiären Betreuungsaufgaben, weil Frauen in Paarhaushalten derzeit immer noch den Großteil der (notwendigen) unbezahlten Arbeit leisten. Teilzeitbeschäftigte haben weiterhin noch geringere Karrierechancen, oftmals gelingt es ihnen später nicht mehr, wieder in Vollzeit zu gelangen (Teilzeit-Falle) und sich ein existenzsicherndes Einkommen bis ins Alter aufzubauen (DGB 2020).

Um diesen Effekt aufzubrechen, hat die Bundesregierung bereits Teilzeitkonzepte gestärkt und sollte darüber hinaus Anreize zur paritätischen Regelungen bei Eltern-/Pflegezeit mit Auswirkungen auf Rentenpunkte in Erwägung ziehen. Wiederum Schweden gilt hier als Vorbild mit langen Elternzeiten und keinem Ehegattensplitting.[6] Zu Unrecht sind Teilzeitstellen in Deutschland noch überwiegend im Bereich der geringwertigen Tätigkeiten angesiedelt, leisten Teilzeitkräfte doch, relativ gesehen, oft mehr als Vollzeitbeschäftigte, haben weniger Fehlzeiten und dafür eine höhere Motivation sowie Produktivität (Hans Böckler Stiftung 2007).

Den organisationalen Maßnahmenkasten für Female Leadership im Management verankern
Förderung durch den Staat allein nützt nichts, wenn systemimmanente Faktoren nicht geändert werden. Überstundenideologie, überflüssige Präsenzpflichten und Dienstreisen um die halbe Welt machen Arbeitgeber*innen maximal unflexibel. Das abgebildete Instrumentarium ist daher gut gefüllt mit empirisch erprobten Maßnahmen zum aktiven Female Leadership Management durch Flexibilisierung der bestehenden Strukturen: Von digitalen Meetings und Weiterbildungen geht es zu

---

[6] Für Schweden gilt: „Gemäß dem Antidiskriminierungsgesetz von 2009 sind Arbeitgeber*innen verpflichtet, weiblichen und männlichen Angestellten gleichermaßen die Vereinbarung von Beruf und Elternschaft zu ermöglichen. Beide Eltern haben Anspruch auf je 240 Tage Elternzeit, die nicht auf den anderen Elternteil übertragen werden können. Und jedes Kind hat das Recht auf einen Kitaplatz, der steuerlich subventioniert wird" (Steinlein 2019). Die OECD kritisiert Deutschland dafür, das Ehegattensplitting beizubehalten, da das Ehepaar zwar einen finanziellen Vorteil genießt, aber viele Frauen nichts oder wenig in ihre Altersvorsorge einzahlen. Viele Frauen denken außerdem, dass sie durch eine Ehe auch nach einer Scheidung abgesichert sind, wobei nach dem Unterhaltsänderungsgesetz 2008 mit deutlich weniger Unterhalt und mit zeitlicher Befristung zu rechnen ist.

neuen Führungs- und Arbeitsmodellen (Teilzeitführung, Führungstandems, Wechsel an Führungsrollen), welche von der Plattformökonomie vorangetrieben werden, z. B. durch das Berliner Start-Up Tandemploy. Organisationen können aber auch Anreize setzen, indem sie Weiterbildungen oder Rückkehrprogramme nach Sabbaticals, Schwangerschaften, Eltern- oder Pflegezeiten anbieten, die nicht erst nach der Auszeit beginnen, sondern den Kontakt dazwischen aufrechterhalten, um die Übergangsphase konstruktiv zu nutzen. Organisationen können gerade Frauen bewusster im Aufbau ihres Sozialkapitals durch Netzwerke mittels Mentoringprogrammen, Trainings, Frauenfrühstücken mit Begleitung oder digitalen Netzwerk-Plattformen unterstützen. Häufig wird jedoch beschrieben, dass Mitarbeiter*innen entsprechende Leistungen gar nicht kennen, weshalb Arbeitgeber*innen und Vorgesetzte entlang des gesamten Employee Lifecycles in der Pflicht bleiben, darüber aktiver – auch über entsprechende Online-, Chatbot- oder App-Anwendungen – zu informieren. Wenn sich signifikant etwas ändern soll, muss die Managementspitze aktiv involviert sein. Dazu gehört es auch, dass Leitbilder, Vereinbarungen zur Chancengerechtigkeit, Ziele und Kennzahlen präzise formuliert und kontrolliert werden – und gerade von den Führungsetagen vorgelebt werden. Die Geschlechterfrage ist dabei nur ein Baustein von Diversity und macht den Weg frei für weitere Entwicklungsfragen sozio-ökonomischer Art.

Konservatives Mindset aufbrechen
Ein großer Dreh- und Angelpunkt bei der praktischen Umsetzung von Female Leadership Management ist das Thema Mindset. In manchen Organisationen sind die Themen Home Office oder Väterzeit schlicht undenk- bzw. sagbar. In Schweden hingegen ist es beispielsweise mittlerweile auch gesellschaftlich nicht mehr akzeptiert, wenn gut ausgebildete Väter weniger als sechs Monate Elternzeit nehmen (Allbright 2018). Hierbei sind Unternehmen durch Role Modeling und eine klare Kommunikationspolitik sehr viel stärker in der Pflicht, moderne Geisteshaltungen zu fördern, indem Vorbilder gezeigt werden. Mehr stationäre Unterstützungsmaßnahmen wie betriebliche KITAS oder Pflegeeinrichtungen, die auch von externen Anbieter*innen zugebucht

werden können,[7] sowie Remote-Work- oder Plattformlösungen, wie in den Niederlanden, sind überfällig und müssen auch den deutschen Mittelstand oder die Verwaltung erreichen. Einen großen Einfluss hat dabei das Verhalten der Führungskräfte, was sich gerade bei Männern im Vorleben von Elternzeit zeigt. Geht der Chef selbst in eine familiäre Auszeit, ist es wahrscheinlicher, dass andere Männer ihm folgen. Führungskräfte sind enorm wichtig, wenn es darum geht, eine Vereinbarkeitskultur in Unternehmen zu prägen, die auch väterbewusst ist. Ein weiteres Ausnahmephänomen ist das Berliner Start-up Einhorn Kondome, das allen Müttern pauschal 30 % mehr Gehalt zahlt. Auch sind Trainings der Organisationen zu Unconscious Bias, Gender und Diversity Awareness angeraten, um progressive Haltungen zu verankern. Häufig bleiben solche Themen im Management „hängen", sollten aber die gesamte Organisation durchziehen. Klare Regeln und Richtlinien gewährleisten Gleichberechtigung, etwa, dass jede Person einen Teil in Meetings beitragen kann, was für Rederecht und Redezeit gilt. Verantwortlichkeiten, wie z. B. das Anfertigen von Protokollen, können abseits klassischer Hierarchien innerhalb des Teams gewechselt oder an digitale Assistenzsysteme abgegeben werden.

Echte Vereinbarkeit diskutieren
Die Adressierung von Gleichberechtigung startet beim Individuum, u. a. bei einem gleichberechtigten partnerschaftlichen Verhältnis in der Familienplanung. Dass viele Frauen sich freiwillig dafür entscheiden, einen Großteil der Eltern-/Pflegezeit oder der Haushaltsarbeit zu übernehmen, liegt in ihrer eigenen Verantwortung. Dass das Thema „Vereinbarkeit von Beruf und Familie" jedoch häufig als Aufgabe der Frau angesehen und seltener an Väter adressiert wird, ist ein größeres gesellschaftliches Problem. Laut der Zeitverwendungsstudie des Statistischen Bundesamtes (2015) wenden voll erwerbstätige Frauen mit Kindern 1,6 mal mehr Zeit für die Betreuung ihres Nachwuchses und des Haushaltes auf als ihre männlichen Partner, selbst wenn sie

---

[7]Ein Beispiel hierfür ist die private Anbieterin Kinderland aus Mannheim, bei der verschiedene Firmen tagsüber Unterbringungsplätze für (Klein-)Kinder ihrer Belegschaft buchen können.

bereits Führungspositionen innehaben (Gender Care Gap[8]). Dies gilt übrigens auch an Tagen, an denen keiner Erwerbsarbeit nachgegangen wird, also z. B. am Wochenende. Diese Doppelbelastung wurde auch unter dem Stichwort „Mental Load"[9] vermehrt in den letzten Jahren diskutiert: Selbst, wenn Männer einen Teil der Arbeiten im Haushalt ausführten, lag die Planung auf Aufgabenverteilung in zahlreichen Familien nach wie vor komplett bei den Frauen. Das ist (mentale) Zeit, die ihnen nicht zur Verfügung steht, um in ihre Karriere zu investieren. Das Frauen-in-Führungspositionen-Problem ist oftmals ein sehr viel stärkeres Mütter-in-Führungspositionen-Problem.[10] Viele Frauen haben offensichtlich verlernt, an den richtigen Stellen Grenzen zu setzen und Männer müssen endlich ungefragt die Hälfte der Haus- und Familienarbeit übernehmen. Sheryl Sandberg (2013) sagt zurecht: „Make your partner a real partner." Auch familiäre Pflege wird weiterhin zu etwa 2/3 von Frauen geleistet (Statistisches Bundesamt 2015). Diese Arbeitsleistung bleibt gesellschaftlich und steuerlich weitgehend unsichtbar, ebenso wie das Ehrenamt. Ist ein Mensch vielfach lebensweltlich eingebunden, ist möglicherweise das Zeitkontingent nicht für eine Vorstandsposition angelegt. Dennoch muss diese Tatsache innerhalb von Paaren, Familien (Stichwort: Unternehmensnachfolge!) und sozialen Gruppen viel stärker diskutiert werden, da ein Haushalt aus gleichberechtigten Mitgliedern besteht.

Führungskräfte sind gerade bei diesem Thema nicht machtlos: Sie können gezielt auch Männer zu Elternzeit ermuntern, um eine bessere Balance von Männer- und Frauenkarrieren zu erreichen. Mit mehr Vätern in Elternzeit kehren Frauen tendenziell auch früher in den Beruf zurück und können ihrer Rolle als Führungskraft neben der

---

[8]Der Gender Care Gap belegt, dass Frauen täglich doppelt so viel Zeit für Arbeit in den Bereichen Kinder, Haushalt, Pflege und Ehrenamt aufbringen (52 %).
[9]Mental Load (oder Emotional Labour), beruht auf der Cognitive Load Theory und beschäftigt sich mit kognitiven Belastungen bei Lernvorgängen (Oelsnitz und Weibler 2005; Plass et al. 2010).
[10]Dieses Wort ist ein Beispiel für Framing, da „durch die Wortwahl stets auch unbewusste Informationen mitgeteilt werden, die wiederum unsere Entscheidungen beeinflussen" (Herdeanu 2019).

Mutterrolle in einem flexiblen Umfeld gerecht werden. Andere Länder sind bei diesem Thema schon erheblich weiter: Das bereits 1978 gegründete Magazin Working Mother veröffentlicht mit seinem eigenen Research Institute regelmäßige Benchmarks, etwa jährlich die 100 Best Companies for Moms oder Dads (Vagnier 2014). Der Softwarekonzern SAP führte diese Überlegungen 2019 durch die neue Väterschutzzeit weiter: Wer für den Softwarekonzern arbeitet und Vater wird, darf dort künftig für sechs Wochen ohne Gehaltseinbußen seine Arbeitszeit um 20 % reduzieren. Wenn Männer also in Zukunft das gleiche Ausfallrisiko wie Frauen bergen, ist die Gleichstellung einen Schritt näher (Nohn 2019).

Gender Gap in den Medien reduzieren
Die Aufrechterhaltung von traditionellen Geschlechterrollen im Beruf spielt auch in den Medien eine immense Bedeutung, angefangen bei der stereotypen (Selbst-)Darstellung von Frauen und Männern auf Youtube, Instagram oder in Fernseh-/Talkshows.[11] In einer Untersuchung von Media Technologies wurden über 20.000 Medienberichte ausgewählter Nachrichtenportale (Spiegel, Zeit, FOCUS und TAZ) im Zeitraum vom 11. September bis 11. Oktober 2017 analysiert. In 81 % der Fälle wurde über Männer geredet, nur in 19 % über Frauen. Wird der Name Angela (der „Kanzlerinnenbonus") von der Liste abgezogen, sieht das Ergebnis noch düsterer aus: Bei Betrachtung der geschlechterübergreifenden Top 10 der meistgenannten Namen findet sich *Angela* dort als einziger weiblicher Vorname auf dem 4. Platz. Es ist nachgewiesenermaßen nicht nur wichtig, dass weibliche Personen (in Führung) in der Presse behandelt werden, sondern auch, dass ihnen innerhalb ihrer beruflichen Situation kommunikativ Raum gegeben wird. Die geringe Anzahl von Medienleiterinnen (33 %) hat somit

---

[11]So wird etwa der TV-Sendung Germany's Next Topmodel (GNTM) vorgeworfen, stereotype Geschlechterrollen und Sexismus verstärkt zu reproduzieren. Es werden Zusammenhänge mit steigenden Zahlen von Magersucht bei weiblichen Jugendlichen vermutet, die auch die Hauptzielgruppe der Sendung darstellen. Erst mit dem Aufkommen von Gegenbewegungen wie der Body Positivity in den vergangenen Jahren, hat sich GNTM diverser ausgerichtet (z. B. durch Berücksichtigung von Trans-Models) (Alizadeh 2019).

direkte Auswirkungen auf das Bild von Frauen, das Massenmedien vermitteln: Sie kommen weniger als Expertin zu Wort und werden seltener bei ihrer Berufsausübung gezeigt als Männer (Steinlein 2019). Das Verlagshaus Gruner+Jahr geht als Best Practice unter der Führung von Julia Jäkel voran: Die Hälfte der Führungskräfte ist hier weiblich.

Auch die Online-Enzyklopädie Wikipedia leidet weiterhin unter einem erheblichen Male Bias: Studien der eigenen Wikimedia Foundation offenbarten, dass im Jahr 2018 nur 9 % der Beiträge von Frauen stammten (Wikipedia 2019). Die Sozialwissenschaftlerin Claudia Wagner (2015) fand zudem heraus, dass in Artikeln über Frauen häufiger Bezüge zu deren Familien hergestellt wurden, dass ihr Beziehungsstatus eher erwähnt oder ihre weibliche Identität (als Frau) betont wurde. Bei Männern fehlten Hinweise zu Partner*in, Kindern oder Scheidungen oft gänzlich. Geschlechterstereotype als Bilder der eigenen Mediensozialisation beginnen bereits im frühkindlichen Alter von ca. 6 Jahren, weshalb mehr intelligente Vorbilder für Mädchen und Frauen neben den Standardfiguren wie Marie Curie, Hermine Granger oder Lisa Simpson präsentiert werden müssen, um diesen Intelligence Bias zu schließen. Eine von der MaLisa Stiftung in Auftrag gegebene Studie zur weiblichen (Selbst-)inszenierung in den neuen Medien ergab nicht nur, dass Frauen in einem Verhältnis von eins zu zwei bei den 100 beliebtesten Musikvideos, Youtube-Kanälen und Instagrammer*innen stark unterrepräsentiert waren, sondern auch auf veraltete Rollenvorbilder zurückgriffen (MaLisa Stiftung 2019). Bestehende Vorstellungen von Weiblichkeit müssen daher gezeigt und erweitert werden, wie durch die Politikerinnen Ska Keller oder Aktivistin Greta Thunberg, da sie das klassische weibliche Rollenbild samt Schönheitsideal uminterpretieren. Gerade in den traditionell männlich dominierten Naturwissenschaften und Ingenieur*innenberufen braucht es mehr weibliche Förderung ab dem Schul-/Einstiegsniveau, um dem Fachkräftemangel zu begegnen.

Unternehmenskultur stärken & Gatekeeping schwächen
Geschlecht ist der unbemerkte Hintergrund des Arbeitslebens. Die Aufteilung nach Geschlecht erfolgt mehrmals am Arbeitstag – und das zum Großteil unbewusst. Menschen bevorzugen Menschen mit ähnlichen

Werten (likeability penalty). So reproduzieren sich auch Eliten, etwa Vorstände und Aufsichtsräte, die häufig in intransparenten Verfahren unter Ausschluss der Öffentlichkeit bzw. Aktionäre in abgeschlossenen Zirkeln, Clubs und Familienverbänden vergeben werden. Dagegen hilft zum einen mehr Transparenz in der Vergabe von Führungspositionen, aber auch eine Begleitung vom Einstieg in das Unternehmen durch ein (genderneutrales) (Reverse) Mentoring. Daneben können geeignete Kandidat*innen durch gezieltes Scouting oder Talent-Pools gewonnen werden. Gerade, wenn auch andere „Minderheiten" im Unternehmen gefördert werden, ist es wahrscheinlicher, dass Frauen sich zeigen und mutiger werden. Die gemeinsame Erfahrung von Diskriminierung führt zu einem anderen Blick auf Themen wie Macht und Privilegien sowie zu anderen Gesprächs- und Arbeitskulturen, die für alle förderlich sind. Es reicht hierbei übrigens nicht aus, Frauen auf einen Vorstandsposten wie Personal oder Kommunikation zu befördern, auf dem sie zwar bei der Frauenquote mitgerechnet werden, von dem aus sie aber wahrscheinlich nicht an die Firmenspitze aufsteigen werden. Sie könnten vielmehr durch sorgfältige Vorplanung und Führungsprogramme das gesamte Unternehmen durchlaufen, was somit eine stärkere (Rück-) Wirkung auf die gesamte Unternehmenskultur hat. Es braucht hier eine „Kultur des Zutrauens" mit flacheren Hierarchien, informellen Kommunikationskanälen und die Übertragung von Verantwortung an die Mitarbeiter*innen. Kulturveränderung bezieht Sprache (Corporate Language) und Bilderwelt (Corporate Imagery) mit ein. Wer hoch qualifizierte Frauen nicht ausschließen will, kann nicht weiter geschlechterverzerrt auftreten. Es braucht nicht nur gendersensible bzw. genderneutrale Jobtitel, sondern ein umfassendes gendersensibles Recruiting mit Sprachempfehlungen inklusive Sexismen-Tabus.

Weibliche Karriere- und Finanzplanung unterstützen
Um 40 % Frauen in Führung zu erreichen, besetzt eine Tech-Firma 60 % der Stellen mit Frauen und arbeitet gezielt mit Frauen-Netzwerken zusammen, um die passenden Kandidatinnen direkt zu rekrutieren. Eine Abfrage unter den neuberufenen Professorinnen der Universität Konstanz offenbarte, dass 55 % sich ohne aktive Ansprache nicht beworben hätten, obwohl sie offensichtlich

die Qualifikation und Passung zur ausgeschriebenen Professur besessen hatten (Woelki und David 2015). Diese Beispiele zeigen: Active Sourcing spielt für die weibliche Rekrutierung, neben Role Modeling und der notwendigen Visibilität, eine entscheidende Rolle.

Organisationen können ebenfalls durch eine aktive Karriere- und Finanzplanung ihres weiblichen Talentpools an der Personalentwicklung mitwirken. Gleichfalls müssen weibliche Talente hier stärker in die individuelle Verantwortung genommen werden. Über Geld redet man nicht (genug)![12] Aus Gründen ihrer (historischen) Sozialisation, gesetzlichen Barrieren[13] und des häufig geringeren Verdienstes haben Frauen in ihrer familiären Geschichte meist weniger Kommunikations- und Handlungserfahrungen mit Geld (Financial Literacy) vorzuweisen. Menschen, die mehr über Finanzen wissen, legen auch mehr Geld für das Alter zurück und nutzen anspruchsvollere Anlageprodukte, sodass dass die weibliche Finanzbildung und Einbindung in Finanzentscheidungen ab der Schulzeit gefördert werden muss. Denn aus der Nichtbeschäftigung mit den Themen Geld und Macht resultiert häufig, dass viele Frauen keinen hinreichenden Überblick über ihre finanziellen Rücklagen (im Alter) oder Interesse eines eigenen Vermögensaufbaus (Aktienanlagen etc.) haben. Frauen fordern auch heute noch ca. 16 % weniger Gehalt in Verhandlungsgesprächen und führen quantitativ gesehen weniger Gehaltsgespräche über ihre Lebenszeit (Burel 2018), was auf den Gender Pay Gap einwirkt. Es ist zudem viermal wahrscheinlicher, dass ein männlicher Absolvent sein Gehalt verhandelt (Sagner 2017). Es reicht daher nicht aus, Führungsanfängerinnen Verhandlungstrainings zu verordnen, sondern es bedarf eines strukturierten und transparenten Umgangs mit Macht- und Gehaltsgrenzen innerhalb von Organisationen.

---

[12]Dieser Werbespruch der Finanzheldinnen räumt mit dem alten Vorurteil auf, Geld sei ein Tabuthema.
[13]Erst seit 1962 dürfen Frauen in Deutschland ihr eigenes Konto eröffnen; seit 1977 auch ohne die Zustimmung des Ehemannes oder Vaters eine bezahlte Tätigkeit ausüben.

Gender Gaps auflösen
Gerade die neuen Medien machen es vielen Frauen leichter, offen über tabuisierte Themen wie Geld, finanzielle Rücklagen und Investments zu sprechen. Traditionell wurden solche Gespräche von Männern dominiert – die Enttabuisierung des Themas durch Finanzblogs für weibliche Zielgruppen (MissMoneypenney, HerMoney) erleichtert Frauen den Wissenszugang und gibt mehr Selbstbestimmung über ihren ökonomischen Status. Natürlich geht es auch dabei wieder um die Frage, wie organisational und von Vorgesetzten mit Themen wie Gender Pay Gap und Gender Pension Gap umgegangen wird, was die Sparkasse zumindest medial nach außen verstärkt angeht.[14]

Den Gender Pay Gap hat das Statistische Bundesamt im Jahr 2019 auf ca. 21 % in der Privatwirtschaft, im öffentlichen Dienst auf 6 % eingeschätzt (Stand: März 2019, Statistisches Bundesamt 2019). In der gesamten EU ergab sich ein Gender Pay Gap von 16 %, d. h. Frauen verdienen im Durchschnitt 16 % weniger als Männer. Deutschland steht im Vergleich zu anderen westeuropäischen Ländern besonders schlecht da, vor allem bei der immensen Rentenlücke (Gender Pension Gap) von 53 % (zum Vergleich: Männer: 1732 €, Frauen: 814 €): auch bei Bonuszahlungen (Gender Bonus Gap) finden sich Unterschiede von bis zu 20 % bei gleichwertiger Leistung zuungunsten von Frauen.[15] Der Gender Pay Gap setzt sich aus verschiedenen Faktoren zusammen, z. B. weibliche Teilzeitbeschäftigung, Arbeit in Branchen mit schlechterer Bezahlung, weniger Führungspositionen sowie unbezahlte Familien- oder Ehrenamtsarbeit. Aber auch die bereinigte Lohnlücke (Entgeltunterschied bei gleicher Erwerbsbiografie) ist mit immerhin 6 % nicht zu verleugnen und kann durch die genannten strukturellen Benachteiligungen nicht erklärt werden. Dort, wo nach

---

[14]Unter dem Slogan Unabhängig ist einfach startete die Sparkasse eine kontrovers diskutierte Kampagne zur Kundinnenakquise, u. a. mit einem Gender-Pay-Gap-Rechner online (Theobald 2018).

[15]Einer Studie der Weltbank (Wodon und de la Briere 2018) zufolge belaufen sich die globalen Wachstumsverluste durch Einkommensunterschiede bei Männern und Frauen auf geschätzt 160 Billionen US$. Bei gleicher Bezahlung könne das Wachstum in den untersuchten 141 Ländern um mehr als 20 % steigen.

Tarifvertrag bezahlt wird, ist die Lohnlücke übrigens geringer.[16] Frauen entscheiden sich aber – aus einer komplexen Verstrickung von Gründen – im Gesamten auch eher für kleinere Unternehmen und Branchen, die weniger gesellschaftliche Anerkennung und damit Kapitalvolumen zur Verfügung haben, sowie für Positionen, die eher unterhalb ihrer Qualifikation liegen. Dadurch wird der Gender Pay Gap noch weiter verstärkt. Nicht wegzudiskutieren ist allerdings, dass selbst in frauendominierten Branchen, wie in der Bildung, sozialen Arbeit oder der Pflege, die Führung meist männlich besetzt ist. Organisationen sollten deswegen mit Equal-Pay-Systemen sowie leistungsbezogenen Boni arbeiten – daneben ist die gesellschaftlich-monetäre Aufwertung frauendominierter Berufe (Gesundheits-, Sozial- und Erziehungsberufe) hinfällig, in denen Frauen häufig niedrigen Löhnen und schlechten Arbeitsbedingungen ausgesetzt sind, um die horizontale Segregation des Arbeitsmarktes abzufedern. Der Comparable Worth Index, ein Maßstab, der inhaltlich unterschiedliche Berufe hinsichtlich ihrer Arbeitsanforderungen und Belastungen vergleicht, zeigt, dass die Arbeit von Erzieher*innen gleichwertig mit der von Elektrotechnikingenieur*innen ist. Letztere erhalten für ihre Berufsausübung jedoch rund 40 % mehr Geld (Antoniazzi und Rauschnick 2019).

Durch das Phänomen des Gender Care Gaps kommt es letztlich zu einer („statistischen") Diskriminierung von Frauen auf dem Arbeitsmarkt, denn Arbeitgeber*innen befürchten, dass Frauen zeitlich weniger flexibel sind als Männer und benachteiligen sie daher häufig bei Einstellungen und Beförderungen – ganz gleich, ob dies tatsächlich der Fall ist oder nicht. Es braucht daher eine stärkere Lobby, die sich der weiterhin bestehenden Ungleichheiten zwischen Männern und Frauen sozialpolitischen annimmt. Frauen dürfen daher sehr viel konsequenter ihren ökonomischen Wert einfordern.

---

[16]Der Verdacht der geschlechterspezifischen Diskriminierung durch unterschiedliche Bezahlung von Menschen bei gleichwertiger Leistung und Erfahrung ist letztendlich wahrscheinlich ein nachgelagertes Problem des beschriebenen konservativen Mindsets und des Gatekeeper-Effekts (DGB 2019).

KI-gestütztes organisationales Training einführen
Eine große Herausforderung für alle Führungskräfte ist es letztlich, der natürlichen Tendenz zu widerstehen, „Mini-Mes" einzustellen, wie Janina Kugel von Siemens stets betonte. Menschen neigen dazu, Miniaturversionen von sich bei der Besetzung von offenen Stellen zu bevorzugen, die aus einem „sozial ähnlichen" Kontext kommen (bzgl. Geschlecht, Alter, Herkunft und Ausbildung). Diese „homosoziale Rekrutierung" (DGB 2016), die zu lähmender Homogenität führt, verliert jedoch in jedem Fall gegen diverse Teams. Sensibilisierung und Adaptivität in der heutigen Arbeitswelt können nur in Kraft treten, wenn Automatismen und alte Denkmuster hinterfragt werden. Personalpolitik (v. a. Rekrutierung und Entwicklung) funktioniert noch immer so, als hätte es die Digitalisierung nicht gegeben. Zu wenige Organisationen setzten hierbei schon auf (digital durchgeführte) Unconscious-Bias-Trainings[17], um ihre Skill-Sets zu einem nährreichen und effektiven Boden für gemeinsames Arbeiten zu machen. Digitale Weiterbildungsinstrumente und Audits für mehr Diversität gehen dabei vor allem über den Einsatz von Hilfsmitteln aus dem Bereich Künstliche Intelligenz (KI), welche menschliche Vorurteile aushebeln und der Unvoreingenommenheit ein Stück näher kommen. IT-gestützte Gender Audits Audits helfen beim Auffinden von ungeeigneten sprachlichen Ausdrücken in Stellenanzeigen oder Karriereseiten und dem Training der Verantwortlichen durch einen Leitfaden zur gendergerechten Sprache (LUB 2019). Nicht nur die HR-Arbeit wird dabei von neuen Technologien im Bereich Recruiting und Development profitieren, die dabei helfen, den menschlichen Gender Bias zu reduzieren (Burel 2019). Gleichberechtigung beginnt im Kopf und patriarchalische Vorstellungen im Denken der einzelnen Organisationsmitglieder müssen konstant aufgedeckt und überwunden werden.

---

[17]Unconscious-Bias-Trainings finden sich beispielsweise konzernweit bei den Firmen Siemens und Thoughtworks. Letztere nutzen dafür das von der amerikanischen Sozialpsychologin Amy Cuddy entwickelte Power Posing sowie die „Ally Skills". Ally Skills versprechen 3 Steps to a more diverse and inclusive Workplace, wofür drei Phasen entscheidend sind: THINK – PAIR – SHARE (Aurora o. D.).

> **Ihr Transfer in die Praxis**
>
> - Female-Leadership-Management mittels passender Maßnahmen, Kennzahlen und regelmäßigen Reportings einführen.
> - Nicht-Einhaltung von Maßnahmen stärker sanktionieren und progressive Kultur als wichtigen Faktor im Diskurs stärken.
> - Große Hebelwirkungen sind durch weibliche High Potentials, Role Models als Mentor*innen, sichtbare Positionierung von Frauen im Top-Management, Gender-Awareness-Team-Trainings sowie Ermunterung von Männern zu Familienzeiten zu erwarten.

Literatur

Alizadeh, Madeleine (2019): Starkes weiches Herz: Wie Mut und Liebe unsere Welt verändern können. Berlin: Ullstein.

AllBright Stiftung gGmbH (2019): Entwicklungsland. Deutsche Konzerne entdecken erst jetzt Frauen für die Führung. Bericht der AllBright Stiftung, September 2019.

Allbright Stiftung gGmbH (2018): Schlusslicht Deutschland. Konzerne weltweit holen mehr Frauen ins Top-Management. Bericht der AllBright Stiftung, Mai 2018.

Amerland, Andrea (2019): Frauenquote: Und sie hilft doch. In: SpringerProfessional, 31.10.19. https://www.springerprofessional.de/compliance/corporate-social-responsibility/frauenquote-und-sie-hilft-doch/17183428 (letzter Zugriff: 03.12.19).

Antoniazzi, Flora/Rauschnick, Laura (2019): 2019 - and still fighting for equal pay…. https://www.was-verdient-die-frau.de/++co++9ac9bda4-4a4f-11e9-94c9-52540088cada (letzter Zugriff: 14.01.2020).

Aurora, Valerie (o. D.): Ally Skills. In: Frame Shift Consulting. https://frameshiftconsulting.com/ally-skills-workshop/ (letzter Zugriff: 08.01.19).

Bös, Nadine (2019): Die Frauenquote wirkt – anders als gedacht. In: FAZ, 06.02.19. https://www.faz.net/aktuell/karriere-hochschule/buero-co/glaeserne-decke-die-frauenquote-wirkt-anders-als-gedacht-16018893.html (letzter Zugriff: 03.12.19).

Bund, Kerstin; Heuser, Uwe Jean und Ann-Kathrin Nezik (2019): Eine von 31. In: DIE ZEIT Nr. 43/2019. https://www.zeit.de/2019/43/jennifer-morgan-sap-vorstand-aufsichtsrat-dax-fuehrungsposition-frau (letzter Zugriff: 14.11.2019).

Burel, Simone (2019): Richtlinien: Chancen von KI stärker herausstellen! In: Future of HR, 08.10.19. https://www.future-of-hr.com/2019/10/richtlinien-chancen-von-ki-staerker-herausstellen/ (letzter Zugriff: 10.01.20).

Burel, Simone (2018): Sprache denkt female. E-Book. Verfügbar unter https://drfemfatale.de/e-book/ (letzter Zugriff: 10.01.20).

Carpenter, Julia und Jackie Wattles (2018): California has a new law: no more all-male boards. In: CNN, 04.10.18. https://edition.cnn.com/2018/09/30/business/california-requires-women-board-of-directors/index.html (letzter Zugriff: 10.01.20).

DGB (2016) Vertikale Segregation – oder warum so wenige Frauen in Führungspositionen arbeiten. https://www.was-verdient-die-frau.de/++co++4bbec31c-9476-11e6-844e-525400e5a74a (letzter Zugriff: 14.01.2020).

DGB (2019): Equal Pay – Gleicher Lohn für Frauen und Männer! https://www.dgb.de/themen/++co++ca4d63e6-4667-11e9-8185-52540088cada (letzter Zugriff: 03.02.2020).

DGB (2020): Was es mit Minijobs auf sich hat. Mini-Jobs – Mini-Einkommen – Mini-Absicherung. https://www.was-verdient-die-frau.de/++co++1efec67c-0ac7-11e5-b8be-52540023ef1a (letzter Zugriff: 14.01.2020).

DIW (2020): Mehr Frauen in den Aufsichtsräten. https://www.diw.de/de/diw_01.c.703320.de/publikationen/wochenberichte/2020_04/mehr_frauen_in_aufsichtsraeten__hinweise_fuer_strahlkraft_der_geschlechterquote_auf_vorstaende_verdichten_sich.html. (letzter Zugriff: 02.03.2020).

Ernst, Sonja (2017): Teilzeit ist ein Karrierekiller – deshalb variable 32-Stunden-Woche für Männer wie Frauen. Interview mit Jutta Allmendinger. In: Bundeszentrale für politische Bildung Dossier Familienpolitik, 10.04.17. http://www.bpb.de/politik/innenpolitik/familienpolitik/244597/teilzeit-ist-ein-karrierekiller (letzter Zugriff: 10.01.20).

FKi (ohne Jahresangabe) – Der Frauen-Karriere-Index. https://frauen-karriere-index.de/ (letzter Zugriff: 03.12.19).

Hans Böckler Stiftung (2007): Kurze Arbeitszeit, hohe Produktivität. In: Böckler Impuls 17/2007. S. 6.

Hansch, Julia (2016): Frauenquote – Quotenfrau? Vortrag. Wirtschaftsweiber, 21.09.2016.

Herdeanu, Clara (2019): Framing in der PR: Was steckt dahinter und wie lässt es sich einsetzen? In: Medienrot, 09.12.19. https://medienrot.de/framing-in-der-pr-was-steckt-dahinter-und-wie-laesst-es-sich-einsetzen/ (letzter Zugriff: 08.01.20).

LUB – Linguistische Unternehmensberatung (2019): Dr. fem. Fatale Gender Consulting. https://drfemfatale.de/ (letzter Zugriff: 03.12.19).

MaLisa Stiftung (2019): Weibliche Selbstinszenierung in den neuen Medien. Ergebnisse einer Studienreihe präsentiert von der MaLisa Stiftung, Januar 2019.

McKinsey & Company (2012): Making the Breakthrough. Women Matter 2012.

Nohn, Corinna (2019): Traut euch, Väter! Wenn Männer das gleiche Ausfallrisiko wie Frauen bergen, kann Chancengleichheit gelingen. In: Handelsblatt, 16.12.19. https://www.handelsblatt.com/meinung/kommentare/kommentar-wenn-maenner-das-gleiche-ausfallrisiko-wie-frauen-bergen-kann-chancengleichheit-gelingen/25337072.html?share=linkedin&ticket=ST-36418866-07hkveQGPkfahYURFQav-ap1 (letzter Zugriff: 18.12.19).

Oelsnitz, Dietrich von der und Jürgen Weibler (Hrsg.) (2005): Organisation und Führung. Stuttgart: Kohlhammer.

Plass, Jan L.; Moreno, Roxana und Roland Brünken (2010): Cognitive Load Theory. Cambridge: University Press.

Sandberg, Sheryl (2013): Lean In: Women, Work, and the Will to Lead. New York: Knopf.

Sagner, Franziska: (2017): So, und jetzt zum Geschäftlichen! Wer verhandelt besser – Frauen oder Männer? In: Gesellschaft für empirische Organisationsforschung, 01.09.17, http://gfeo.de/2017/09/wer-verhandelt-besser-frauen-oder-maenner/ (letzter Zugriff: 10.01.20).

Statistisches Bundesamt (2015): Zeitverwendungserhebung. Aktivitäten in Stunden und Minuten für ausgewählte Personengruppen 2012/2013. Wiesbaden.

Statistisches Bundesamt (2019): Geschlechtsspezifischer Verdienstabstand im öffentlichen Dienst und in der Privatwirtschaft (unbereinigt) von 2014 bis 2018. März 2019. https://www.destatis.de/DE/Themen/Arbeit/Verdienste/Verdienste-Verdienstunterschiede/Tabellen/ugpg-05-oed-privat-ab-2014.html (letzter Zugriff: 10.01.20).

Steinlein, Eva (2019): So emanzipiert sind Europas Frauen: Große Unterschiede in der Gleichberechtigung. In: Deine Korrespondentin, 15.08.19. https://www.deine-korrespondentin.de/so-emanzipiert-sind-europas-frauen/ (letzter Zugriff: 18.12.19).

Szebel-Habig, Astrid (2018): Warum sind geschlechtergemischte Teams erfolgreicher? Vortrag im Rahmen der Jahresfachveranstaltung „Familienpakt Bayern" 2018, Hochschule Aschaffenburg, 13. November 2018.

Theobald, Tim (2018): Warum Jung von Matt und die Sparkasse den legendären 90er-Spot neu auflegen. In: Horizont, 11.10.18. https://www.horizont.net/agenturen/nachrichten/mein-haus-mein-auto-mein-boot-warum-jung-von-matt-und-die-sparkasse-den-legendaeren-90er-spot-neu-auflegen-170283 (letzter Zugriff: 02.01.20).

Vagnier, Crystal (2014): Working Mother Research Institute Benchmarking & Custom Assessments. In: Working Mother, 27.07.14. https://www.workingmother.com/research-institute/working-mother-research-institute-benchmarking (letzter Zugriff: 10.01.20).

Wagner, Claudia (2015): Wikipedia ist immer noch eine Männerwelt. Heise Online, 06.02.2015 https://www.heise.de/tr/artikel/Studie-Wikipedia-ist-immer-noch-eine-Maennerwelt-2539122.html (letzter Zugriff: 10.01.20).

Wikipedia (2019): WikiProjekt Frauen/Frauen in der Wikipedia. https://de.wikipedia.org/wiki/Wikipedia:WikiProjekt_Frauen/Frauen_in_der_Wikipedia#WMF-2018 (letzter Zugriff: 02.01.19).

Wodon, Quentin und Benedicte de la Briere (2018): Unrealized Potential: The High Cost of Gender Inequality in Earnings. Studie im Auftrag der Weltbank, Mai 2018. https://openknowledge.worldbank.org/bitstream/handle/10986/29865/126579-Public-on-5-30-18-WorldBank-GenderInequality-Brief-v13.pdf?sequence=1&isAllowed=y (letzter Zugriff: 10.01.20).

Woelki, Marion und Michaela David (2015): Aktive Rekrutierung von Wissenschaftlerinnen als Bestandteil eines wertschätzenden Berufungsmanagements an der Universität Konstanz. In: Claudia Peus et al. (Hrsg.): Personalauswahl in der Wissenschaft. Evidenzbasierte Methoden und Impulse für die Praxis. Berlin/Heidelberg: Springer.

10
Schlusswort: Gender Balance wanted!

> **Was Sie aus diesem Kapitel mitnehmen**
> - Female Leadership ist eine soziale Transformation.
> - Es gibt keinen universellen Weg für „Gender Leadership Gap".
> - Gemischt siegt über homogen, ist aber nicht so bequem.
> - Humane Führung und neue Narrative kommen mit dem Kultur- und Systemwandel.
> - Female Leadership als neue Art des Managements.

„Je mehr Frauen an politischen Entscheidungsprozessen beteiligt sind, desto mehr Frieden werden wir haben." (Vigdís Finnbogadóttir, frühere isländische Präsidentin)[1]

Female Leadership ist die Chance zur sozialen Transformation. Mehr Frauen in Führungspositionen zu bringen, wird auf staatlicher, gesellschaftlicher, betrieblicher und individueller Ebene vorangetrieben.

---

[1] Langer (2019).

Die Effektivität dieses Prozesses hängt dabei von verschiedenen Akteur*innen ab, u. a. von Organisationen, Führungspersonen, aber auch einzelnen Frauen oder Männern in Wirtschaft, Wissenschaft, Politik und Medien, wie dieses Buch gezeigt hat.

Den einen universellen Weg, den „Gender Leadership Gap" zu schließen, gibt es aufgrund der vielschichtigen Ursachen, deren Wechselwirkungen und länderspezifischen Besonderheiten nicht. Geprägt von sozio-ökonomischen Faktoren wie Beschäftigungsquoten oder Lohnpolitik, ist vor allem ein kultureller Wandel in den Köpfen nötig. Gesellschaft, Organisationen, (weibliche und männliche) Führungskräfte und Mitarbeiter*innen müssen Gleichstellung auch wirklich wollen. Sie müssen ihr Mindset sehr viel stärker an diesem Ziel ausrichten, sodass Frauen nicht nur gefördert, sondern auch befördert werden. Unternehmenskultur und – eng damit zusammenhängend – geschlechterbezogene Stereotype sind große Hebel für die nachhaltige Veränderung der Zusammensetzung von Führungsetagen. Damit in einer Kultur Diversity-Effekte erreicht werden können, braucht es eine kritische Masse von Frauen in Führungspositionen und nachverfolgbare Kennzahlen, wie Studien in Psychologie und Verhaltenswissenschaften allesamt zeigen. Insgesamt kommen viele Wissenschaftler*innen zu dem Ergebnis, dass es ohne Quotenregelung keine Genderdiversität im Management gäbe. Nur, wenn ernsthafte staatliche Sanktionen gelten, die auch praktisch umgesetzt werden, kommt Bewegung in die personelle Zusammensetzung von Führungsetagen. So gilt das Motto: „Jede Geschlechterquote – ganz gleich, wie sie ausgestaltet ist – ist besser als keine Geschlechterquote" (Amerland 2019).

Gemischt siegt über homogen, ist aber nicht so bequem
Sozio-kulturelle Veränderungen brauchen natürlich Zeit – sie anzustoßen, ist aber notwendige Voraussetzung dafür, dass konkrete Instrumente zum ganzheitlichen Female Leadership Management überhaupt greifen können. Frauen ins Top-Management zu bringen, sollte eigentlich in digitalen Zeiten Normalität und – von der grundsätzlichen Diskussion her – überholt sein. Gesetzliche Vorgaben und der gesellschaftliche Druck haben den Anteil von Frauen in Führungspositionen in den vergangenen Jahren zwar wachsen lassen, aber ihr

Anteil steigt zu langsam in patriarchalisch geprägten Öko-Systemen. Und Fortschritt ist nicht selbstverständlich bzw. kann es auch Rückschritte geben: 2018 sowie 2019 sind eine Reihe deutscher Spitzenfrauen gegangen (worden). Wie durchlässig ist die so genannte „leaky Pipeline" also wirklich, zu der die „gläserne Decke" inzwischen geworden ist? Genau diese Fragen gilt es, weiter zu diskutieren und beschriebene Korrelationen zwischen Diversity und Erfolg kritisch zu reflektieren. Gemeinsam im Diskurs müssen kompetenz- und evidenzbasierte Systeme aufgebaut werden, welche die Erkenntnisse in Gesetzgebung, Organisationen, Gesellschaft bzw. Individuen und Medien flächendeckend integrieren.

Es ist unerlässlich, dass die Art und Weise, wie Einstellungs- und Beförderungsentscheidungen getroffen werden, geändert werden und sichergestellt wird, dass qualifizierte Frauen ernst genommen werden. Entscheidungsträger*innen im Management, in Nominierungsverfahren oder in der Unternehmensnachfolge müssen sich permanent selbst hinterfragen, ob sie Stereotypen oder unbewussten Verzerrungen unterliegen und Frauen in Machtpositionen – gerade in männerdominierten Bereichen wie MINT oder Tech – wirklich akzeptieren. Auf der Vorstands- und Aufsichtsratsebene ist vor allem der Kulturwandel als Stellschraube für Veränderungen zu sehen, denn dort werden vorrangig persönliche Netzwerke aktiviert sowie Headhunting eingesetzt (Hansch 2016), während bei Berufseinsteiger*innen positive Vorbilder und Netzwerke die wichtigste Rolle spielen. Gleichzeitig ist es eine Frage des individuellen Selbstverständnisses: Treffen Frauen Ausbildungs- und Berufsentscheidungen, die sie in technische und bislang männlich dominierte Bereiche befördern? Behindern internalisierte geschlechterspezifische Rollen-, Familien- und Netzwerkverständnisse eine strukturierte Bearbeitung von Karriere- und Finanzperspektiven? In der digitalen Arbeitswelt 4.0. können weibliche und männliche Geschlechterrollen sehr viel flexibler sein, was über reflexive, sprachliche und visuelle (An-)Anreize an Organisationen und Individuen herangetragen wird. Lebensläufe werden zersplittert und eine Entscheidung für Kinder oder Pflegebetreuung muss nicht zwangsläufig eine Karriereaufgabe bedeuten. Männer und Frauen können hier als positive Vorbilder mit Signalwirkung für jetzige und folgende Generationen wirken.

Humane Führung und neue Narrative können kommen

Organisationen profitieren von der Beschäftigung mit Female Leadership Management jedenfalls auf allen Ebenen: Von männlichen und weiblichen Kompetenzen, flexiblerer Arbeitsgestaltung und nicht zuletzt einer modernen Wirkung nach außen. In Zeiten von Selbststeuerung und New Work erwartet vor allem die jüngere Generation, dass Unternehmen für Chancengerechtigkeit und Diversität ebenso Sorge tragen wie für Nachhaltigkeit. Genau wie die Vorstellungen von geschlechterspezifischen Rollen, müssen sich auch Führungsverständnis und Akzeptanz diverser Führungsstile wandeln. Eine gute Führungskraft – egal welchen Geschlechts – schafft es, dass die Mitarbeitenden nicht nur ihr vertrauen, sondern auch sich selbst. Sie nimmt ihnen die Angst davor, Verantwortung zu übernehmen und Fehler zu machen. Sie sorgt dafür, dass Ziele, Vision und Ethik im Unternehmen mehr als nur Floskeln im Mission Statement sind. Sie teilt ihre (Miss-)Erfolge, ihr Wissen, ihr Netzwerk und ihre Emotionen. Sie entwickelt nicht nur sich selbst, sondern auch andere im Dialog aus einer bewusst humanistisch-diversen Grundhaltung heraus weiter. Vielfalt, abseits von Monokulturen, ist für das langfristige Funktionieren von Gesellschaften und Organisationen von wesentlicher Bedeutung. Gender Balance wird damit zum strategischen Erfolgsfaktor der Zukunft. Erhöhungen der Arbeitgeber*innenattraktivität im War for Talents, größere Gruppenintelligenz durch geschlechtergemischte Teams, gesteigerte Unternehmensrendite sowie besseres Innovationsmanagement gehen allerdings nicht ohne einen radikalen Kultur- und Systemwandel, der künftige Chancengerechtigkeit nach den Prinzipien Diversity und Inklusion vorsieht. Ein Investment in Female Leadership wird damit nicht nur den Frauenanteil in Unternehmen steigen lassen, sondern auch eine ganz neue Art des Managements in der Welt hervorbringen.

Ihr Transfer in die Praxis

- Arbeiten Sie an Unternehmenskultur und Stereotypen als große Hebel für die nachhaltige Veränderung der Zusammensetzung von Führungsetagen.
- Einstellungs- und Beförderungsentscheidungen ändern und sicherstellen, dass qualifizierte Frauen ernst genommen werden.

10 Schlusswort: Gender Balance wanted!

- Gender Balance als strategischer Erfolgsfaktor der Zukunft ernst nehmen und Kultur- und Systemwandel durch erste Schritte beginnen (s. Maßnahmen aus Kap. 9).

Literatur

Amerland, Andrea (2019): Frauenquote: Und sie hilft doch. In: SpringerProfessional, 31.10.19. https://www.springerprofessional.de/compliance/corporate-social-responsibility/frauenquote–und-sie-hilft-doch/17183428 (letzter Zugriff: 03.12.19).

Hansch, Julia (2016): Frauenquote – Quotenfrau? Vortrag. Wirtschaftsweiber, 21.09.2016.

Langer, Annette (2019): Was Deutschland von Island lernen kann. In: SPIEGEL Online, 17.02.2019. https://www.spiegel.de/panorama/gesellschaft/frauenrechte-und-gleichstellung-von-island-lernen-a-1250782.html (letzter Zugriff: 14.11.19)

The manufacturer's authorised representative in the EU is Springer Nature Customer Service Centre GmbH, Europaplatz 3, 69115 Heidelberg, Germany. If you have any concerns regarding our products, please contact ProductSafety@springernature.com

Printed and bound by CPI Group (UK) Ltd, Croydon, CR0 4YY
23/03/2026
02076464-0007